質的研究を科学する

髙木廣文
神戸市看護大学・特任教授

医学書院

はじめに

看護研究のように，人間を対象とする分野では，研究方法を「量的研究」と「質的研究」に分けることがよくある。量的研究は，医療分野での代表的な研究方法であり，例えば遺伝子解析や生化学的な動物実験，または新薬の効果を調べるための無作為化比較試験などがある。

量的研究では，人間を対象とするような場合，多くはある現象について数値を用いてデータ化し，統計学的な方法で解析する。このため，量的研究は客観的で再現可能であり，科学的証拠（エビデンス）の水準が高いものと考えられている。当然，学術雑誌に投稿した場合に採用されやすいことから，科学研究の本流と考えられている。したがって，量的研究が科学なのか，結果が一般化可能なのかなどという議論は，普通はしないし，問題にもならない。仮にそのような議論が起きたとしても，それは特定の研究での研究計画は適切か，標本抽出法は適切か、統計解析は適切かなど、個々の研究を評価する場合に問題となるような、極めて個別性の高い場合についてだけである。

一方、看護研究では多様な現象に関する患者や看護師の認識、価値、不安や葛藤などの心理的側面を扱う質的研究は少なくない。そもそも人間を対象とする研究においては、今後とも決してなくなることはない研究領域である。このように極めて重要な役割を担うべき質的研究ではあるが、その科学性や一般化可能性に関して、自信を持って「ある」と断言できる根拠はどこにあるのだろうか。

質的研究に関する成書が、最近は多数出版されるようになり、なかには詳細に質的研究の再現性や妥当性の問題、もしくはこれらの用語を使用することに関する問題点など、多様な問題を議論している本もある（Flick, 1995／小田他訳, 2002）。しかしながら、残念なことに私自身を納得させてくれるような記述には出会わなかった。

私の抱いている疑問は単純である。それは、「質的研究は科学なのか」ということと、「質的研究の結果はエビデンスになるのか」ということである。

こういった単純な質問に対して、「科学とかエビデンスとかは量的研究者の考えることで、質的研究のパラダイムは異なるのだから問題にすべきではない」と答えるのは簡単である。しかし、これは研究者のすべき回答ではないと私は考える。パラダイムが異なるというのは、その研究者がこれまで学んだ哲学や認識論の限界による思い込みや考え違いかもしれない。少なくとも、量的研究と質的研究を単純なパラダイム相違論で片付けてしまうような回答は、看護研究を行う上での重要な信念対立を放置する結果を招くことになり、あまり優れた回答とは考えられない。もしも、現象学を学んだ質的研究者がこのような発言をしたとすれば、フッサール（Husserl, 1954／細谷・木田訳, 1995）以来の現象学を誤解していることになると私には考えられる。

哲学上の問題としてだけではなく、科学的な研究を行う上でも、主観–客観問題や量的研究–質的研究などの信念対立の問題を解決するためには、現象学に基づく考え方（竹田, 2008）や西條による構造構成主義の考え方（西條, 2005）が極めて有用であることは、間違いないものである。さらに、構造構成主義を支える構造主義科学論（池田, 1998）、竹田現象学（竹田,

2001, 2008)、そしてソシュールの一般言語学（丸山, 1981；立川・山田, 1990）などは、質的研究の科学性を考える上で、重要な示唆に富む思想といわねばならない。

本書は、質的研究の科学性や結果の一般化可能性などに関して、医学書院発行の『看護研究』誌の場で連載した6回分の原稿（高木, 2009a, b, d~g）に加筆修正したものである。すでに『医学界新聞』上で西條氏が「研究以前のモンダイ」として、構造構成主義の立場から科学や研究といった「当たり前」だが誤解の多い考え方について平易に解説している（西條, 2009）。また、自分でもすでに質的研究について、その科学性に関しては述べているのだが（高木, 2007）、構造構成主義の提唱者とは違った切り口で、質的研究に必要な論点を解説していきたい。

本書はすでに述べたように、質的研究が科学であることを確認するための書であり、まず第1章で質的研究とはどんな研究なのかを、現象学的な立場から、量的研究との比較で解説する。第2章では、分かっているようで分かっていない、科学とは何なのかということを、構造主義科学論の考え方から説明する。第3章では、質的研究が主観的なテクスト解釈に基づいていることが、はたして非科学的であり、客観的解釈が必要なのかという問題を考察する。第4章では、質的研究の結果は当たり前といわれることがもつ意味の本質を考えてみる。第5章では、科学研究が持たなければならない結果の普遍化、一般化の問題を考察する。そして最後に第6章では、飛躍を伴うアイデアがなぜ思いつくのかというアブダクションの問題について考えてみる。

これらの内容は、個々に独立したものではなく、質的研究を行う上で相互に、密接に関係してくるテーマであり、そのため記述に重複があるかもしれないが、その点に関してはご容赦願いたい。また、難解な用語等はできるだけ平易に解説したつもりであるが、そのために誤解を招く表現や誤りがあれば、それは筆者の責任であり、読者はいたずらに頭を悩ませないでいただきたい。

本書によって、質的研究が科学であり、エビデンスをもたらすものであるという確信を、すべての質的研究者が持てるようになることを願っている。

髙木廣文

目次

第❶章

質的研究とはどんな研究なのか

——量的研究と質的研究

我々は研究方法を大まかに量的研究と質的研究に2分類することが多い。しかし、よく考えてみると、2つの研究方法のどこが本質的に異なっているために、方法論として違いが生じるのかを明確に説明するのは案外難しいのではないだろうか。

ここでは、質的研究とは何を行う研究なのかを、量的研究との比較とともに現象学の立場から統一的に考えてみたい。

●質的研究についてのさまざまな考え方

まず質的研究とはどのような研究をいうのかを明確にしておきたい。しかし、驚くべきことに、満足のいくような質的研究の定義というのは、案外と書物の中には記載されていないようである。その理由としては、質的研究といっても極めて多様な考え方があり、研究方法もさまざまであるからだと考えられる。しかし、フリックによれば、多様な認識論があるけれども、質的研究における理論的立場として共通する特徴として、①認識論的原則としての理解、②出発点としての事例再構成、③基礎としての現実（リアリティ）の構築、④実証的資料としてのテクスト、が挙げられている（Flick, 1995／小田他訳, 2002, p.36）。

多くの書物では、量的研究との比較をもとに、質的研究の特徴を記載している。例えば、レイニンガーは、質的方法論と量的方法論の差異を詳細に比較し、「定義の焦点」として、まず質的研究について「質‐特性、本質、意味、属性（それはなんであり、どのような特徴をもつか）。目的論的」、および量的研究について「量‐ものごと、客体、対象の測定（どれくらいか）」と記述しているが（Leininger, 1985／近藤・伊藤監訳, 1997, p.15）、やはり現象学的にみた本質的な質的研究の定義は記されていない。

多様な質的研究の共通する点として、ウィリッグは、質的研究者は「意味に対する関心をもつ」傾向があると述べ、認識論やその特徴についてかなり詳細に記載しているが（Willig, 2001／上淵・大家・小松訳, 2003, pp.11–15）、質的研究の明示的な定義は記載されていない。

またコーヘンらによれば、解釈学的現象学の立場は、構造構成主義の立場に近いことが分かるが、質的という用語のもつ意味内容の広さを指摘している (Cohen, Kahn, & Steeves, 2000／大久保訳, 2005, pp.1–19)。

木下は、「M-GTAでは、質的研究とは質的データを用いた研究とし、質的データとは当該の研究テーマに関してディテールの豊富なデータであることと規定します」と述べている（木下, 2008, p.35）。この定義は実際的ではあるが、トートロジー（同語反復＝命題の部分である要素命題の真偽にかかわらず、常にその命題が真となること）であり、「質的」とは何を意味するのかが曖昧であるように思われる。例えば、この論法だと、「量的研究とは量的データを用いた研究である」といった定義になる。実際的だが、定義としては同じ意味内容を繰り返しているだけであり、不十分である。

西條は、「質的研究とは、『現象』を『構造化』するゲームの一種なのです」と、極めて簡明に定義している（西條, 2007, p.iv）。ただし、現象、構造化、ゲームといった用語は、哲学的な知識を持たない研究者には誤解を与える表現ではないかと私には考えられる。さらにいえば、「現象」を「構造化」するのは、「科学」の定義にもなるので（第2章で説明する）、質的研究だけではなく量的研究を含めた「科学的研究」というものの定義である。もっとも西條は、「質的研究とは何か」に対して、まだ包括的な答えは出ていないことを指摘しているが、

「さしあたっては『数量化しないもの』と考えておいても、大きな問題はないと思いますよ」とも述べている(西條, 2007, p.17)。

西條とよく似た定義として、「『質的研究』という言葉は、統計的な手法や数量化によらず行われる研究であれば、どんなものであってもこれを指すと考える」と、Strauss と Corbin も述べている(Strauss & Corbin, 1998／操・森岡訳, 2004, p.18)。この定義も確かに正しいかもしれないが、それはこれがトートロジーだからである。すでに指摘したように、同様な論法で、「量的研究とは『数量化できるもの』をデータとする研究である」とした場合、実際的だがどのような研究なのかは曖昧なままになってしまう。

戈木は、「質的研究は、現象に関しての先行研究の蓄積が少なく、変数が把握されていないときに用いられる研究方法です」と述べている(戈木, 2006, p.2)。実際の研究目的としては、そのように用いられる場合が多いのだが、やはり質的研究の本質的な定義ではないように考えられる。

科学的な研究で用いられる各種の定義などについては、「経験的に意味深い言明はトートロジーとなってしまう可能性がある」と指摘されており、それを避けるには、「経験的な意味をもつ言明の境界設定は、言明が実際に用いられる方法に言及しなければならない」と言われている（Losee, 1972／常石訳, 2001, p.231）。

前述のように、さまざまな方法がある質的研究をまとめて定義するのは、確かに難しいのだが、ここでは量的研究も含めて、後期フッサール現象学を継承・発展させたと考えられている竹田現象学の立場を主に参考にして、次に考えてみたい。

「現象」の分類と共通了解

我々は普通に生活していて、自分の外部に事物が存在するから、目に見えるのだと考えているし、世界の存在を疑うこともない。しかし、考えてみると、自分の外の世界（「外部世界」と呼ぶ）があると思うのは、目で見たり触ったりできるからであるが、夢の中でも似たような経験をしているので、その外部世界の存在は常に疑うことができるだろう。

図1に示したように、そこにりんごがあると思うのは、りんごが目に見えるからであり、

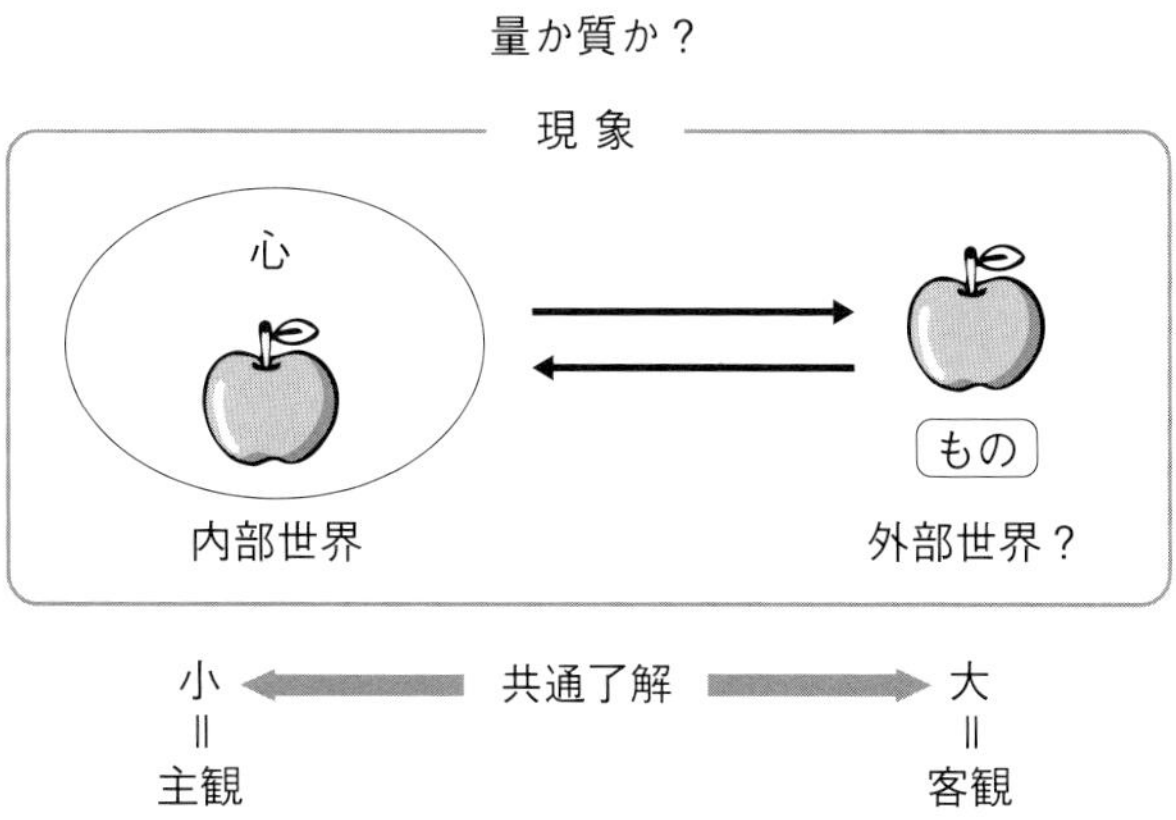

図1　主観と客観は共通了解の程度による

さらに手で触って、なんならかじってみて確かめることができるからである。しかし、それは夢かもしれないし、もしかすると映画「マトリックス」のようにコンピュータ内の仮想現実空間での現象かもしれない。このように考えると、物事の存在は常に疑うことができることになる。

しかし、そのように疑うことはできるのだが、眼前のりんごは外部世界に確かに存在すると一方では考えている自分自身もいる。そのように考える根拠は何だろうか。例えば、自動車の存在が疑わしいからといって、実際に走行中の自動車に飛び込んで確認した哲学者はいない（と思うのだが）ので、その確信の程度はかなり強いものと思われる。

りんごや自動車の存在を確信する理由の一つとして、自分によく似た他者がその存在を同様に確認していると思われるからではないだろうか。外部世界に存在すると考えられるものの存在の確信を強めるのは、このように多くの人々の共通了解が得やすいためであるといえる。

一方、自分の心の中（内部世界）に生起する現象は、他者からは見えないので、共通了解に達することが難しい。しかしながら、外部世界とは逆に、心の内で生起する現象は、自分にとって疑いようのない存在である。

このような我々に立ち現れる現象について、竹田は認識対象の本質として、①自然事物（thing）、②事象（ことがら）、③心的存在（こころ）、の3区分を行っている（竹田，2007）。これらについて、以下に簡単にその説明をしよう。
①自然事物は、人間にとっての「一般利用可能性、対処可能性」を本質として持ち、「類身体性」（身体の共通性、共約性）という公準に基礎づけられているために、一般に常に高

度な共通了解（客観性）を確保されている（竹田, 2007, p.102）。通常の生活空間に存在するものは、自然科学の対象として、様々な法則の構成単位、諸概念として把握されてきた。我々にとってその都度の関心に応じる道具的存在であり、我々は五感を通じてその存在を確信し、さらに他者とのコミュニケーションにより、その存在の確信を強めている。

②事象は、ここでは自然的事象ではなく社会的事象を指し、ある事象の関心相関的、目的相関的観点から見られた「意味連関」の把握とされている。したがって、「ことがら」は「事実それ自体」ではありえない。これには約束の遵守、成功、欺瞞、大事件、犯罪などがあり、一定の共通了解として認識するが、これらは社会的公共性の平均的認知に基づくため、異なる社会では異なる認識・把握の形を取り得る（竹田, 2007, pp.102-103）。要するに、人間の特定の行為／相互行為によって生じる現象であり、我々はそのような現象を自分の関心や目的に応じて「意味付け」して、その現象を把握している。自然事物に比べると、一過性の現象の場合には共通了解が得にくくなるし、異なる文化圏では同一の現象であっても、その持つ意味が異なっている場合がある。

最後に，③心的存在は，認識対象として身体性という公準からは極めて捉えにくい。「こころ」は認識対象として三重の対象的本質を持つと考えられるので（竹田，2007，pp.103–105），以下に竹田による説明の概略を述べることにする。

第1に，人間にとっての「利用可能性，対処可能性」としての対象的本質を持つ。例えば，心は心理学的治療の対象になるし，新商品のための販売戦略の一つとして，ある商品の嗜好が調べられたりもする。

第2に，心は対象化されるだけではなく，諸対象を常に「対象化する」という存在本質を持ち，さらに常に自己存在を「対象化する本質」でもある。人間は絶えざる「自己対象化」的存在，「自己理解」する存在として規定される。

第3に，心は他の人間的存在に対する対象的本質でもあり，他者関係によって自己存在を対象化されつつ規制されている対他的「自己意識」である。自分とは似てはいるが同一ではない外部存在の他者を意識し，自分自身である「私」の存在も，他者からすれば「他者」として意識されているという意識を持ちながら，しかし「私」の存在抜きにはこの世界も意味をなさないという自己意識の存在である。主観的な個人の内部世界であり、一般的には共通了解は極めて得にくい。

●質的研究を定義する

池田が指摘するように、構造主義科学論の立場からは、科学のために外部存在の実在性を仮定する必要はない（池田, 1998, p.14）。この点については、科学とは何かという定義とともに、第2章で詳細に説明する。

一方では、我々に立ち現れる現象の実在性は疑いようがない。現象は我々の心の内部世界で主観的に認識するものである。我々は自分の身体の外には出られないので、外部世界の実在性に関しては、常にその明証性は疑うことができる。しかし、自分の心の中で認識したその現象を疑うことはできないだろう。

以上の議論を踏まえ、現象の本質論から、私は自然事象（モノ）を研究対象とするのが「量的研究」、心的存在の中に生起する現象（コト）を扱うのが「質的研究」であると区分している。社会的事象は、共通了解の仕方がその社会に依存する点から、主観的に社会的事象を捉えれば質的研究に、数量的に現象を把握できれば量的研究になり、どちらの方法も適用可能である。

この点から、エスノグラフィーや医療人類学などのように社会的事象を含むような研究は、質的と量的の「境界型研究」とでもいうべき研究分野であり、研究方法としてMixed Methodが有効な領域ではないかと考えられる（髙木・萱間, 2008）。

質的研究の定義の困難さの一因は、この種の社会的事象を扱う境界型研究を行うための研究方法を「質的研究」としていることがその原因であろう。心的事象のように、本質的に質的研究でなければならない研究と、社会的事象へのアプローチのための研究方法が区別されていないために、研究方法論の混乱が生じているように私には考えられる。

したがって、まずここでの議論は、心的事象に関する質的研究に限ることとしよう。その後で、「質的研究の分類」に関する議論を考えてみたいと思う。

一般には、共通了解の得やすいのは量的研究である。量的研究は、さまざまな現象を「測る」ことによりデータを収集するために、客観的であると考えられており、再現性も高いものとなる。このため、社会的現象やもともと心の内の世界のことであっても、例えば、不安や自己効力感などのように現実には外部世界に存在しない心的事象であっても、尺度構成法などにより数量化し、多くの人々の共通了解が得られるようにして、その現象を研究しようとする傾向はかなり強いものと考えられる。

この逆に、量的研究に最適な共通了解の高い外部世界の現象を、共通了解の得にくい質的研究で行うのは極めて愚かなことになるのは明らかである。

心的存在である主観的な内部世界の現象に関しては、本来は質的研究でなければ研究は不可能なはずである。すなわち、質的研究とは、心的存在である内部世界の現象を解明するために行う研究であるといえる。

確かに質的研究の方法は多様であるが、結局、質的研究と呼ばれる方法による情報収集は、どんなものであれ最終的には一つの形式に収束する。すなわち、面接であれ、観察であれ、写真であれ、なんらかのパフォーマンスであれ、ある方法で得られた情報は、最終的には言

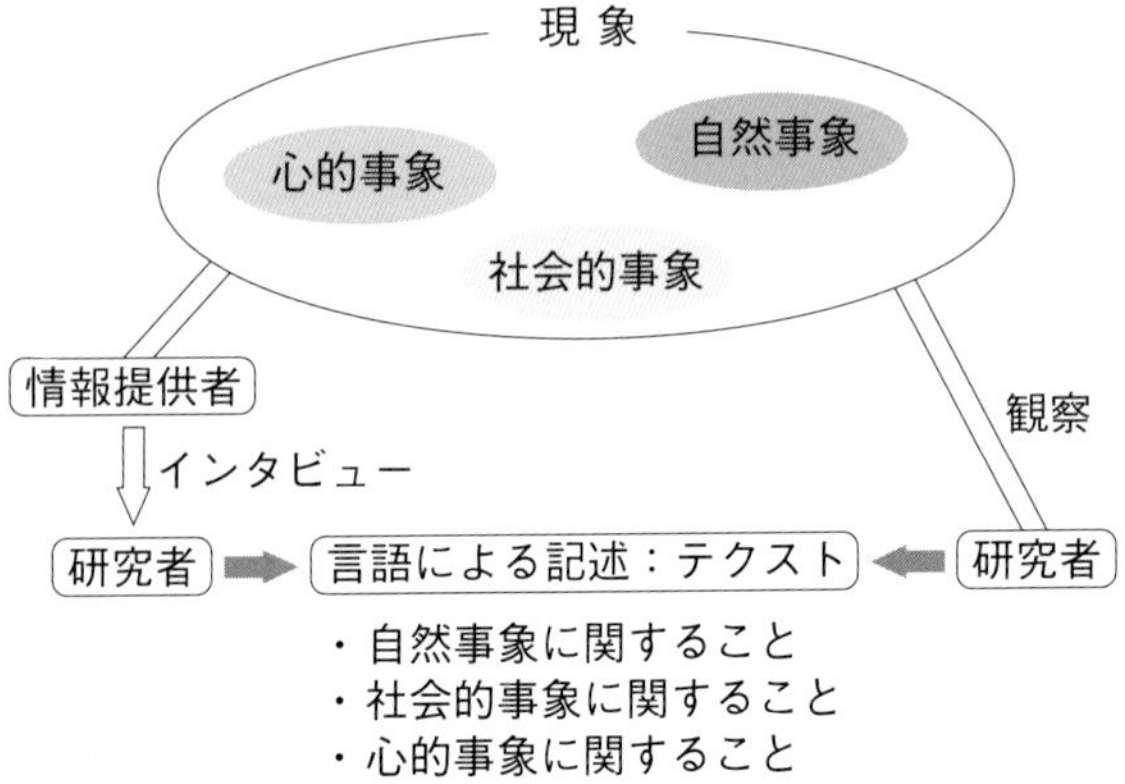

図2 質的研究で用いるテクストの分類

語化して「テクスト」にしなければ、公共性のある質的研究が行えないはずである。これは量的研究が、どのような実験計画や調査計画のもとに研究を行ったとしても、最終的には分析のための数量化されたデータを得なければならないのと同様である。もともと、量か質かは、この解析／解釈のためのデータの特性に基づく分類である。

　ここで注意しなければならないのは、テクストといっても、収集方法により大きく2通りに分けることができることである。図2に示したように、1つは、インタビューのように研究者が情報提供者から、会話を通じてその心的存在の心的世界を言語化したものである。もう1つは、自然事象や社会事象を、研究者が観察などを通して、自ら感じたり情報収集した現象について言語化したものである。どちらも質的研究のためのデータとなり得るが、本来的には区別されるべき方法論である。すでに指摘したように、後者は対象が自然事象や社会的事象であるため、他の研究者との共通了解の手段として、量的研究の併用もあり得る。ただし、研究者自身も心的存在であるので、言語化されたデータは、目的によっては質的研究に含まれるものである。

　これらの議論をまとめると、質的研究では、ある人に立ち現れた現象に関する言語データを研究者が主観的に解釈して、再構築（構造化）するという点に、多様な方法の中での共通性があると考えられる。したがって、私の定義では、

「質的研究とは研究対象者（情報提供者）の心的存在である内的世界のある現象に関するテクストを、研究者が主観的に解釈し再構築（構造化）する研究である」

ということになる。

この定義には、さまざまな異論があるものと思われるが、今後、質的研究に関する考察を進める上で、この定義の修正が必要になるかもしれない。しかし、現在のところ、この定義に基づいて、質的研究を科学という観点から、どのように捉えたらよいのかを、これから論じていきたい。

●質的研究の分類

ここで定義したように、あらゆる質的研究に共通する本質は、研究で用いる情報を最終的に「言語化しテクスト化すること」である。そのようにして作成された一連のテクストを研究目的に応じて細分化し、その内容を適切に表すと考えられる名称を与えるのが（コード化、ラベリングなど）、質的研究での最初の分析といってよいだろう。

このような質的研究の最も重要なデータとなる情報の収集方法は、図2に示したように、①研究者自身の観察や主観によるデータ、②情報提供者から得たデータ、の2通りに大きく分けることができる。

研究者自らが参与観察のように研究現場において、自分で観察し自分が感じたことをノートに記した情報と、情報提供者へのインタビューによってICレコーダーに保存された音声データでは、その本質に大きな違いがあるのは明らかだろう。すなわち、研究者自身の考えを記した情報は、自分の判断だけに基づくので、記された内容の意味の解釈で間違えることは、実際にはあるかもしれないが、理論上はないはずである。

一方、研究者が他者から情報を得た場合には、その情報提供者が意図したことと、受け手である研究者が解釈した意味内容が異なることがあり得る。さらに、テクストを解釈するということは、研究者が頭であれこれ考えることで、どんな理由を付けてもどんな方法を用いても、結局は主観によるものである。

このように、質的研究といってもデータ収集の方法によって、そのデータの持つ意味が異なっていることがわかるが、さらに研究対象とする現象により、図2に示したように、これらは3分類される。すなわち、①心的事象、②社会的事象、および③自然事象、である。

このうち、①の心的事象は、「不安」「死への恐れ」などの情報提供者の心の内部の現象であり、情報提供者による言語化された情報（音声や文書）でのみ得られるものである。よくコミュニケーションは非言語化情報が大部分を占めるといわれるが、顔の表情や身体の動きなどは③の自然事象に該当し、原理的には研究者以外の他者が参加することで、かなり共通了解が可能な情報が収集できるはずである。しかし、心的事象である「不安」や「恐れ」は情報提供者のみが抱いている意識であり、他者は本質的に類推すること以外は不可能であり、共通了解を得るのは極めて難しい。この意味から、「心的事象を対象とする質的研究」は「本質的な質的研究」と呼ぶべきものであり、代替不可能な方法であるといえる。

一方、③の自然事象である自己の身体や他者、もしくは事物を研究対象とする研究は、共通了解が容易なため量的研究が普通である。それでは、そのような自然事物を対象とする質的研究は、どのように考えればよいのだろうか。例えば、「災害援助に必要な援助物質に何があるか」を、看護師に面接して情報を収集したとしよう。このような場合、得られた情報は、①の場合と異なり、言語情報であっても実在物を示しており、共通了解を得るための方法を考えることができる。すなわち，情報提供者から得た情報や研究者自身が現場で観察した現象をもとに，質問紙などを作成し調査することで，より多くの対象から共通了解できる情報を引き出すことが可能である。この点から，自然事象を対象とした研究は，質的研究と量的研究の両方のアプローチが可能である。しかし，質的研究の場合には，それが最終的な結論をもたらすというよりも，共通了解を得るために続いて行う量的研究の「予備的研究」の役割を持たざるを得ないのではないだろうか。

②の社会的事象は，お祭りのように多くの人によって観察することが可能な現象では，極めて共通了解が得やすいので，量的研究にもともと向いているものと考えてよい。しかし，社会的習慣などはあまりに普通すぎて，重要だが見過ごしてしまうようなものもあるだろう。とはいえ，民俗学者や医療人類学者が対象集団に入り，観察したことや住民から聞き出した情報をもとにして得た結論は，基本的には他者によって観察可能であったり，再現可能であることが普通である。そのため，仮に言語情報が大部分のこの種の研究は，すべてが質的研究のように考えられているが，共通了解が可能な現象を扱っているため，量的研究として実

施することができる現象が極めて多く含まれているという特徴を持っている。この点で、①の心的事象を対象とする質的研究とは、大きく異なっている。

実際の研究においては、心的事象と社会的事象の相互作用の問題や、それにどのような自然事象が加わるかによって、得られる言語情報は極めて多様に変化し得る。当然、得られたテクストの解釈も一筋縄ではいかなくなることだろう。しかし、問題をある程度簡単にしないと議論は進まないものであり、本書の以下の章では「心的事象の質的研究」を主に念頭においた議論を展開していることをお断りしておきたい。多様な質的研究の方法論によっては、本書の議論が適していない場合もあり得るので、いたずらに読者が頭を悩ませることがないように、あらかじめ注意を促しておきたい。

第2章

科学とは何なのか

——構造主義科学論の考え方

大学院に進学し、研究者で生きていこうと思って以来、私はずっと自分では科学者のつもりでいた。しかし、「科学とは何か」というようなことには、まったく無関心であった。もともと、自分の研究していることは科学なのであるという、まったく根拠はないのだが、自信だけはあった。これもよく考えてみると、なぜ自分がしていることが科学なのかという質問に答えるのはかなり難しい。

多くの人の結構ありがちな回答として、「科学とは真理の探究である」とか、「科学とは現象の背後にある法則や因果関係を客観的に明らかにすることである」とか、なんとなく言ってしまいそうである。本当に、科学とは真理や法則を明らかにするものなのだろうか。

かなり以前から、若者の理科離れが進んでおり、このままでは科学技術立国である日本の将来が危ぶまれている。しかし、そもそも「科学とは何か」という、教育や学問の最も基盤となるような話が、日本の学校教育では教えられていないのではないだろうか。少なくとも私の経験では、「科学とは何か」を教えられた記憶はないのだが、これは一般的にそうなのだろうか。

岩田は，「日本では小中高の理科教育にせよ，大学・大学院教育にせよ，『科学とは何か』『科学的に考えるとはどういうことか』という議論がきちんとされ，教育されていることは希有である」と指摘している（岩田，2008, p.58）。仮に教育している学校があったとしても，それほど多くはなさそうである。また，中田は，Science（科学）という言葉の歴史が浅く，現在でもPhDが哲学博士であることから分かるように，科学が哲学から派生した一領域であるという事実を指摘している（中田，2009）。

まず，分かっているようで分かっていない割にはちゃんと考えたことのない，「科学とは何か」を考えてみたい。当然のことだが，科学哲学なる学問分野があることからも分かるように，これまでに多くの科学論が存在する。したがって，ここでそれらを網羅的に紹介しても，本書の目的には沿わないと考えられる。

大事な点は，「質的研究は科学なのか」という問いに，明確に答えが出せるような考え方を説明することである。したがって，ここでは池田清彦氏による構造主義科学論（池田，1988, 1998, 2007）に主に基づいて，必要に応じて他の文献を参考にしながら，「科学」とは何かを考えてみたい。

構造主義科学論による「科学」の説明には、多様な表現が用いられているが、以下の言説は、科学の本質を述べたものと考えられるので、それらについて説明を加えていきたい。すなわち、

①科学はオカルトが大衆化した所から生じた（池田, 2007, p.12）。
②科学は真理をではなく同一性の追求をめざす（池田, 1998, p.13）。
③科学とは、現象を構造によってコードし尽くそうとする営為である（池田, 1998, p.106）。
④科学は見えるものを見えないものによって言いあてようとするゲームだ（池田, 1998, p.106）。
⑤すべての科学理論は、何らかの不変の同一性によって、変なるものをコードする構図になっている（池田, 1998, p.114）。

などである。

はじめは分かりにくい表現かもしれないが、以後の説明を読んだあとでは、このような構造主義科学論の考え方が、現実の科学者の研究活動や内容をよく言い当てていると思えるよ

うに解説できればよいと考えている。

●言葉の不変性／同一性について

科学理論といえども、他の研究者や専門外の人々にその成果を伝えるためには、理解可能な記号や言葉を用いて論文を記述する必要がある。したがって、言葉や言語とはどのようなものなのかを、まずはじめにここで少し考えてみたいと思う。

我が家には、十数年前からペルと呼ばれるペルシャ猫がいる。イランで研究をしている知り合いの言では、イランにおいては、「すべての野良猫はペルシャ猫である」だそうなので、「猫は実在するか」と問えば、「そこらじゅうにいる」と即答されるに違いない。しかし、よく考えてみると、我が家のペルが「猫」ならば、歩いて大学へ向かう途中の道にいるドラ猫は「猫」なのだろうか。毛の長さも色も違うし、どう見ても違う小動物に見えるのだが……。また、私が「人」ならば、どう見ても異なる風貌のあなたはなぜ同じように「人」と呼ばれるのだろうか。「人」はみな風貌も性格も体格も異なっているのだが、なぜ誰でもがすべて当たり前のように「人」と呼ばれるのだろうか。

このような「名」とは何かについて、中世ヨーロッパでは2つの学派が対立していた。一方の「唯名論」の主張では、「猫」や「犬」のような普遍名辞に対応する実在はなく、個物のみが存在し、それらの個物の総称であるとされていた（岩田，1998，pp.55-60）。

他方、「実念論」の立場では、「猫」は「猫の本質」を含むので猫になると考えられていた。実念論では、猫の本質は個々の猫の中に実在することになり、この主張は突き詰めれば、プラトンのイデア論になる。

現実には、普遍の実在である「猫のイデア」や「人のイデア」を見た人はいないわけであり、「ペル」という名は変わらないが、不変と思われる我が家のペルも子猫からすっかり老猫に変わってしまった。このように「名称」が変わらないと、その名が示すものも不変であると考えるのは、人間の思考上の錯誤であるといえる。

質的研究においては、言葉は極めて重要な役割を担うわけであるが、近代において、この言葉について徹底的に考え抜いたのが、スイスの言語学者のF・ソシュール（Saussure, 1857–

1913）である。

ソシュールの考えでは、言葉は人間（あるいは主観）と独立に存在する対象を単に指し示す記号ではなく、世界を分節するための道具であり、言葉により初めて分節され認知されるのである（池田, 1998, p.61）。

ソシュールの言う分節化の意味は、子どもが言葉を覚える段階を考えると理解しやすい。最初に「ママ」を覚えた子どもは、パパを見ても「ママ」と言うだろう。そうすると、パパは「ママじゃないよパパだよ」「パパ」と繰り返し教え込もうとする。そのうち、パパを「ママ」ではなく「パパ」と呼ぶようになる。これは、子どもがなんらかの特徴に基づいて、「ママ」と「パパ」を区別し、１つだった同一性が２つになり、すなわち分節し、２つの言葉で同一性の差を表わすことができるようになったものである。同様に、「猫」と「犬」なども「ニャーニャー」や「ワンワン」といった言葉で分節するようになる。

ここで重要なことは、このように名付けられた同一性（猫や犬）は、我々の主観とは独立に実体が存在しているからではないということである。すなわち、分節の仕方に根拠はない

（無根拠）、ということである。

このような言語の特徴について、ソシュールは、第1に「言語記号は恣意的である」と述べている（Saussure／相原・秋津訳, 2003, p.154）。恣意性とは、言い換えれば、無根拠性のことであるが、単なるでたらめではない。言葉は、その社会集団の中のルールで縛られており、特定の発話（これを「パロール parole」という）により、個人の頭脳に言語（ラング langue）として構造化される。

ラングを習得した個人は、今度は逆にそのラングにより思考が縛られてくる。例えば、「虹」と「rainbow」は、日本語と英語で同じ現象を示す言葉のように思うかもしれない。日本人は、虹と言えば、すぐに「7色」の虹などと言うが、欧米人は6色だと言うし、サンゴ語やバッサ語では2色になってしまう（池田, 1998, pp.66–67）。逆に言えば、これらの諸文化に属する人々は、「虹」というそれぞれの言葉により、同一と思われる現象を、異なる認識で経験していることになる。

このような状況を、ソシュールは、「言語（ラング）の機構はすべて、同一性と差異の周囲を巡っているのです」（Saussure／相原・秋津訳, 2003, p.169）と述べている。

言葉は、上記のように猫や犬のように記号とその意味が表裏一体のセットになっているのだが、ソシュールは、記号（シーニュ signe）は「意味するもの（シニフィアン signifiant）」と「意味されるもの（シニフィエ signifie）」から成っていて、シニフィアンは〈**聴覚的**〉、シニフィエは〈**概念的**〉な要素である（Saussure／相原・秋津訳, 2003, p.168）と述べている。

我々が英語を習うとすぐに分かるように、言語記号は恣意的であることは理解できるだろう。しかし、その意味する内容であるシニフィアンも恣意的であることには、注意が必要である。この点については、質的研究で最も重要なテクスト解釈にも関係するので、第3章でもう少し詳しく解説する。

我々は言葉で現象を表現するが、実際には現象は個々に異なっているのに、言葉は不変である。このため、適切に言葉を用いることで、あたかも変なる現象を不変の形式で表現できることになる。もちろんこれは錯覚であるが、科学は言葉という不変の同一性により、ある現象を記述（構造化）するという壮大な錯覚体系であるといえる（池田, 1998, p.71）。

●現代科学への道のり

現在では、何かというとエビデンス（evidence）があるかが問題となる。普通は、エビデンスと言うと「科学的な証拠」のことを指すように、科学的研究というのは、ある事象に関して客観的で実証的な方法によって、真理を明らかにすることであると考えられている。しかし、それは本当だろうか。

実は、科学とは現象の背後にある真理の探究や因果関係の解明にあるのではなく、「現象を上手く説明するために、少数の同一性を用いて構造化すること」である。

このような営為を科学だと捉えると、古代ギリシャのデモクラテスの原子論（物質を構成する不可分の最小単位はアトムである）や、中国の陰陽五行説（すべての事象は陰と陽の相反する二面があり、万物は「木火土金水」という五要素により成り立つとする）も科学的な理論ということになる。現在の一般的な知識では必ずしも妥当な理論ではなくとも、少数の不変の存在を示す概念を表す言葉（すなわち、「同一性」）を用いて、世界の成り立ちを説明しようとする試みは、科学的営為そのものと言えるだろう。

さて、実際のところ、現在の科学に連なる歴史はそれほど古くはない。16世紀から始まった、コペルニクス、ケプラー、ガリレオ、ニュートンなどによる第一の科学革命、そして本当の意味での科学が成立する19世紀の第2の科学革命では、同じ「科学」と言っても、その実情は大きく異なっている（池田, 2007, pp.36–59）。

よく知られているように中世ヨーロッパには多くの錬金術師がおり、パラケルスス（Paracelsus, 1493–1541）のように錬金術を医療に応用して名声を得た者もいた（池田, 2007, pp.12–35）。現在の我々からは、錬金術を科学とは言い難いが、当時は卑金属を金に変えるという考えは、別段おかしなものではなく、その秘術を会得したと称する導師（アデプト Adept）が多く存在していた。秘術を会得した者は、それを公開するのではなく、隠されたこと（オカルト occult）として家人にさえ秘匿した。

このようなオカルトの秘術は、ほとんどが実証不可能なものであった。それは、錬金術の理論は当時の公共性であるキリスト教の教義に反するようにはできなかったからである（池田, 2007, pp.31–33）。また、地動説で有名なコペルニクスは、惑星運動は円運動をしているものと仮定し理論を構築したが、自然界は数学的調和に基づいているというピタゴラス教条主義者であった（Losee／常石訳, 2001、pp.60–61）。ケプラーはピタゴラスの原則を発展させ、太陽系における惑星の運動に関して、楕円軌道を仮定して「ケプラーの法則」と呼ばれる3法則を定式化するが、ピタゴラス学徒として、6個の惑星の軌道を5個の正多面体を用いて説明しようと試みた（Losee／常石訳, 2001, pp.63–66）。なお、各法則の詳細については本論と関係はないので、省略させていただく。

注目すべき点は、コペルニクスやケプラーの理論では、惑星の天空上の運行の説明として、円や楕円という極めて抽象的な概念である言葉（すなわち、同一性）を用いて、すべての現象を説明しようとしたことである。この点では、現在の科学理論に通じるものがあったといえよう。

ガリレオは、その地動説をローマ教皇庁に異端とされたが、「それでも地球は動いている」と言った（とされている）ことで有名である。この事件は、宗教裁判にかけられたことから明らかなように、当時ガリレオの学説は神学に基づく宗教的な言説として考えられていたことを物語っている（池田, 2007, pp.38–39）。ただ、ガリレオの理論として重要なのは、実証主義に基づくアリストテレス哲学への批判であり、天動説よりは地動説をとるほうが実際の現象をより説明できることを示したことである。さらに、科学的推論を進める上で重要な理想状態、たとえば真空中での自由落下や振り子といった理想化を行うことで理論を発展させたことである（Losee／常石訳, 2001, pp.70–79）。

ガリレオは、「自然界は熟練した職人ならば原理的には構築しようと思えばできるひとつの複合的機械である」という「機械論的哲学」を採用していた（Chomsky, Belletti & Rizzi／大石・豊島訳, 2008, pp.53–54）。この機械論的哲学では、惑星や物を動かす力は、それぞれ接触しているものを通じて伝達されるものと考えられていた。

この機械論的哲学の枠組みの中でデカルトは、精神についての自説と心身二元論を展開した。すなわち、「身体と精神はふたつの実体であり、身体は延長をもつ実体で、精神は思考する実体、すなわち思惟するものである」（Chomsky, Belletti & Rizzi／大石・豊島訳, 2008, pp.54–55）と考えられた。

第2の科学革命への道

「万有引力の法則」で有名なニュートンによって、この機械論的哲学は打ち砕かれる。すなわち、万有引力の法則のもとでは、遠くに離れた物体の間に、なんの媒介もなしに力が働くことになったからである。そして、ニュートンの力学では、運動の法則は物体の「質量」と「速度」により「運動量」を定義し、物体の運動という現象を記述するための法則を作り上げたのである。さらに、理論を考える段階では、空気抵抗のない真空の状態を仮定して、必ずしも観測されたデータのみによらず（帰納的方法）、理論に基づいた「分析の方法」（演繹的方法）をも採用した点は注目すべきである（Losee／常石訳，2001, pp.102–108）。このように、変化する個々の現象の中から、ニュートンは共通する特性、すなわち不変の同一性として「質量」を取り出し、目に見える現象から目に見えないもの（質量と法則）によってコードすることに成功したのである（湯田，1998, p.151）。

おもしろいことに、ニュートン自身は万有引力のような無接触で遠隔作用を及ぼす力の存在を「神秘的な力」であり、不可思議な原理であると考えていた（Chomsky／加藤泰彦・加藤ナツ子訳, 2004, p.13）。このため、ニュートンは、終生、この「不見識な作用」を回避する方途を求めたが（Chomsky, Belletti & Rizzi／大石・豊島訳, 2008, p.57）、デカルト流の光の伝播のための媒質としてエーテルの存在には否定的であった（Losee／常石訳, 2001, p.115）。そのかわり、万有引力は神が空間に遍在するからであると考えていたらしいし、ずっと錬金術に興味を抱いていたといわれている（池田, 2007, pp.34–35）。

18世紀末のフランスの市民革命、イギリスでの産業革命などにより、人々は原則として自由、平等になり、産業を支えるための多くの技術者などの人材が必要となり、オカルト的な秘術ではなく、秘術のマニュアル化とオカルトの大衆化が必要となってきたのである。学問や理論はそれまで特権階級のものであったが、特権階級やギルドの崩壊とともに、大学の大衆化が起こった。ただし、ギルドが所有していた技術は低く見られており、ヨーロッパでは、特権知識階級のものであった学問の牙城である大学には、なかなか技術者養成のための学部、すなわち「工学部」が総合大学の中には設置されなかった。日本では、このような事情はなく、1886年に世界で初めて東京帝国大学に工学部が設けられた（池田, 2007, pp.40–45）。

西洋においては、このようにして、オカルトの秘術であった錬金術を源とする知識や技術が市民化・大衆化し、公共性を獲得し、「科学」として発展することになったのであると考えてよいだろう。

●再現可能性と客観性

現在、科学がこれほどまでに大衆の中に浸透し、信頼を得ている理由はなんだろうか。それは、1つには「再現可能性」であり、もう1つは「客観性」という集団幻想によるものだと考えてよいだろう。

オカルトの秘術は、偉大な導師にしかできなかったのだが、大衆化した科学は、誰でもマニュアルに従って行えば、同一の結果を得ることができるということが重要である。これは、「再現（可能）性」と呼ばれている。このことは、逆に言えば、科学は繰り返し観測される現象をその対象とすることを意味している。実際には、それぞれの現象は子細に見ればすべて異なるのだが、その中で科学が対象とするのは、繰り返し観測されるような共通部分だけであるということになる。科学は個々の「一回起性」の現象を扱うのは、苦手なのである。したがって、明日の天気予報で雨が降るかはある程度の確率で科学的に予測できるが、私が今日の夕食に何を食べるかは科学的に予測できないし（私には簡単にできるのだが）、ましてや「私の生きる意義」を明らかにすることなどは決してできないのである。

「科学は客観的である」とよく言われるのだが、この「客観性」について次に考えてみよう。科学的な理論というものは、個人的な見解である主観を排し、できる限り客観的に現象を説明するものであると考えられている。このような考え方は、今では一般的だと思われているが、歴史的には17世紀のデカルトの心身二元論に基づくものである（池田, 2007, pp.52–55）。すなわち、すでに述べたように、デカルトは「物は身体も含め延長（空間の一部分を占有していること）を本質とし、心は非延長的な思考を本質とする」と考えた。このような考えに基づけば、物の存在は心の存在（主観）に左右されないので、独立な存在として扱うことができる。したがって、物は心のような主観から独立した存在、すなわち「客観的存在」として考えることができることになる。これが、客観という公共性の出現である。

しかし現実には、主観を抜きにした客観はありえない。例えば、いわゆる科学論文は客観的であると考えられているが、科学論文といえども記述抜きには存在しない。科学的な研究論文は事実のみを記載したものと考えがちであるが、実際には単純に事実をすべて記載したものではない。クーンによれば、研究論文は科学者仲間の一定のルール（パラダイムparadigm）に従って記述されているのである（Kuhn, 1962, 1970／中山訳, 1971）。ここで、パラダイムとは「一般に認められた科学的業績で、一時期の間、専門家に対して問い方や答え方のモデルを与えるもの」という概念である。

実際には科学論文においても、記述は言語を使用するので、必ず主観的な恣意性がその中には入り込んでいる。ほとんどの科学者は、記述は約束事だとは考えておらず、記述を事実だと考えることで、科学的論文の客観性に疑問を抱かないだけなのである。

さらに、数値を用いてなんでも測定することが客観性につながると考えられている。例えば、「この鉄球は重い」というよりも、「この鉄球は50 kgである」というほうが、主観を排することができて客観的であると考えられている。物理学の発展は、このように数量化しやすい事象を研究対象にしていることにもよるといえよう。さらに、ある現象を記述するのに、「質量」のような自然の中にある実体に名前を付けて、理論に使用することができれば、誰でも理解でき、公共性のある客観的な理論が構築できる。例えば、電子、陽子、中性子という用語を用いて多様な原子や分子を説明したり、さらには、クオークや超ひもを用いて、陽子や中性子の内部構造を説明したりする理論が構築できる。実際には、個々の電子やクオークが我々の目に見えるわけではないので、本当はすべて個々の電子は異なっているのかもしれない。ライプニッツが言ったように、個物はすべて異なっているのが、真の世界の姿なのかもしれないのだが、科学では不変の同一性を仮定して、特定の現象の説明を行うのである（池田, 2007, pp.86–90）。

●科学と非科学の境界は

科学的な言明とは何かを考える上で、ポッパー（K. Popper, 1902–1994）の科学哲学に触れておく必要があるだろう。科学哲学における認識論上の2つの問題について、ポッパーは「反証主義 falsificationism」を、問題解決の基礎とした。2つの問題とは、①帰納の問題↓補足的言明は個別の観察事例によって正当化されうるのか、②境界設定の問題↓科学と科学でないものとの間の境界を設定する、というものである（井山, 2008, p.71）。

ポッパーは、「科学におけるいかなる言明をも反証にさからって弁護しない、という方針に沿って設定されなければならない」とし、科学の歴史を推測、否認、修正された推測および新たな否認、の継続だとみなした（Losee／常石訳, 2001, pp.231-234）。

ポッパーは、科学理論の経験的検証は不可能とし、「帰納といったものは存在しない。全称的理論は単称言明から導出できないからである。しかし理論は観察可能な諸事実と衝突しうるので、単称言明によって反駁されうる」とした。そして、科学理論は、「経験的科学体系にとっては反駁されうることが可能でなければならない」という反証主義を提唱したのである（池田, 1988, p.241）。

このようなポッパーの反証主義の考え方は、科学理論が予測を可能にするような「普遍言明」の形式を持っていることに基づいている。普遍言明とは、「すべての時点において、すべての〜について〜が成り立つ」という形式の言明である（井山, 2008, p.72）。このような形式の経験的な普遍言明は、個々の経験だけからは検証できない。なぜなら、普遍言明には未来の予測が含まれているからである。しかし、検証はできなくても、ある普遍言明に合致しないような現象が1つでもあれば、その言明は誤っているものと反証することはできる。この考え方が、反証主義の基本であり、科学的理論と非科学的理論を区別するものであると考えられる。

例えば、「宇宙は神が無から創造した」という言明は、どのような現象をもってしても反証不可能であるため、非科学的であると考えられる。しかし、「宇宙はビッグバンによって無から創造された」というよく似た言明は、宇宙空間の温度（背景輻射）が約3°Kか否かを観測することで、その是非が検討できるので科学理論であるといえる（佐藤, 1991）。

しかし反証主義は、科学的理論と非科学的理論の区別には有効であるが、実際の科学理論の発展の仕方から見て、必ずしも万能なわけではない。実際には、ある分野の科学理論の基礎理論と観察データとの整合性に関しては、多くの補助理論や境界条件を追加して設定する必要がある。そのためポッパーの反証可能性の理論が、科学者たちの従うべき規範の原理としては不十分であり、単純な反証主義も批判を浴びることになる（中山, 2008, p.76）。

例えば、よく知られているように、ニュートンの万有引力の法則は、アインシュタインの相対性理論の登場によって、絶対空間や絶対時間の仮説が必ずしも正しくないことが明らかとなったが、非科学的な理論として教科書から削除されてはいない。現在でも、通常の速度での物体の運動には極めて有効な理論として、物理学の基礎として学ぶべきパラダイムの一つになっている。

クーンによれば、科学は科学者集団による「通常科学 normal science」と「科学革命 scientific revolution」という、相反する活動によって発展していくものとされる。通常科学とは、科学者集団の間で広く受け入れられている「パラダイム」に基づく研究のことであり、通常科学が行き詰まると、従来のパラダイムでは説明のできない変則事例が多発し、危機が生まれ、新たなパラダイムの提案とそれに基づく研究活動が開始される。最終的に、新たなパラダイムが古いパラダイムに取って代わられたときに「科学革命」が完成するとされる

(Kuhn, 1962, 1970／中山訳, 1971)。

クーンが用いるパラダイムとは、①「その業績が、他の競合する科学研究活動をすてて集まる支持者の持続的グループを形成させるほど十分ユニークなものである」、②「その業績が、再構成された研究グループに解決すべきあらゆる種類の問題を提示してくれるほど十分発展性のあるものである」としている（中山, 2008, pp.117–118)。

結局、科学研究とは科学者集団が行っている研究ということになり、専門化された各科学者集団の中でそれぞれのパラダイムに従って問題を設定し、それらの解答を与えるという一種のゲームとして科学研究を行っているといえる。この結果、科学はますます細分化し、科学的知識は膨大に蓄積されたが、科学者といえども専門外のことは理解できなくなるという事態を招いている。公共性を追求した科学が、かつての錬金術のように、その理論がありがたい御託宣かオカルトのようになってしまったのである（池田, 2007, pp.82–84)。

このような状況について、クーンは、同一の専門分野であっても、立場が異なる専門家同士でのコミュニケーションの問題として、「通訳不可能性 incommensurability」という問題があることを指摘した（井山, 2008, pp.180–182）。これは、同じ看護研究を行っている科学者の間でも、量的研究者と質的研究者のように相互に異なる立場の科学者間では、同一の用語が異なる意味で使用されるために、相手が言っていることが理解不可能になるという問題である。すなわち、相手の用いている用語などを自分の意味理解に基づくと、相手は意味不明のことを述べていることになってしまう。このような状態は、専門家と素人の間では、より起こり得ることではあるが、専門家同士でも、パラダイムが異なると用語の定義の違いから、重大な相互不信に陥る可能性があるということを示唆している。

●質的研究の科学性について

クーンの指摘したように、共通のパラダイムに従って専門的な研究を行う集団が科学者集団であり、各構成員が行っている研究が科学研究であるのならば、専門家が行う質的研究は科学研究であるのは当然である。しかし、この定義はトートロジーではないかと思われるので、科学の定義としては、あまりよいものとは考えられない。

すでに述べたように、構造主義科学論によれば、科学とは同一性（構造や形式）の追求であり（池田, 1998, p.14）、科学理論（モデル）の善し悪しは、目的とする現象をいかに上手に説明できるかによっている。

自然事象に関する現象については、物質と物質の関係性を記述できる理論を持つ分野があり、「厳密科学」として分類されている（池田, 1988, pp.268–271）。物理学、化学、生化学などは厳密科学であり、医学領域の大部分は非厳密科学である。一方、心理学や精神医学などは本質的に非厳密科学であり、看護学も非厳密科学の一つである。

ただし、厳密科学か非厳密科学かは研究対象の特性によるものであり、ある現象を少数の同一性を用いて構造化する点では、どちらも科学であり優劣はない。構造主義科学論の立場では、モデルの記述は、研究対象によって数式や記号によるとは限らず、言語による記述でも構わない。例えば、アインシュタインによるエネルギーと質量の関係式「$E=mc^2$」という厳密科学のモデルもあれば、「瞑想はストレスを軽減する」という言説による非厳密科学のモデルもあり得るだろう。

また目的とする現象の記述に、どのような方法を用いるかは恣意的であり、いくつも対立するモデルがあってもよい。ただし、それぞれのモデルの評価は現実の現象の説明が上手にいくつかのみに依存している。構造主義科学論では、「本当のモデル」や「真実のモデル」の存在を考えない点にも注意が必要であり、同一現象に対して複数の科学理論があってもよいことになる。

第1章で定義したように、量的研究は基本的にはモノ（自然事象）を対象とする科学であり、質的研究はコト（心的存在）を対象とする科学である。構造主義科学論の立場からは、それらの違いはモデルの記述に数式や記号を用いるか言説を用いるかの違いであり、いずれも目的とする現象を説明するためのモデルを作ろうとする点では、まったく同じであることは明らかである。

なお、構造主義科学論に興味ある読者で、より詳細にその内容を知りたければ、池田(1998)を参照されたい。

第3章

質的研究の難問を解決する

——主観的解釈とは非科学的か

質的研究は、量的研究のように学部学生でもできるパソコン用の統計学的方法を使えばよいといったものではない。質的研究では、データであるテクストを研究者が自ら解釈しなければならない。このため、質的研究の結果に対しては、それが主観によるテクスト解釈に基づくという理由から、非科学的であるとする量的研究者が多数存在するといってよいだろう。

すでに、質的研究は構造主義科学論（池田，1998）や構造構成主義（西條，2005）の立場からは科学であると第2章で説明済みであると私には考えられる。しかし、それだけでは批判的な量的研究者は、納得はしないのではないだろうか。

信念対立問題をメタ理論により解消するのではなく、質的研究の方法論の正当性を述べることで、解消できるかを試みたい。そのためには、まず主観的解釈とはどういうことなのかという点について考えてみたい。とくに、研究者がインタビューなどによる情報提供者から得たデータをテクスト化し、解釈する場合の問題について、考察を加えてみたい。

●質的研究への批判とその対応

西條による構造構成主義に基づけば，我々はリサーチ・クエスチョンに応じて研究方法を選択すればよい（西條，2005）とされる。例えば，仮説「タイのＨＩＶ／ＡＩＤＳとともに生きる人々に対する抗ウイルス（ＡＲＶ）治療薬の無料配布は，死亡率を激減させた」ということを検証したければ，２００３年以降の死亡率の年次推移を調べたり，ある地域でのＡＲＶ治療薬の配布量と死亡率の相関関係を調べることも可能である。上記のような研究課題には量的研究が適している。一方，よく似てはいるが，仮説「タイのＨＩＶ／ＡＩＤＳとともに生きる人々に対する抗ウイルス（ＡＲＶ）治療薬の無料配布は，生活の質（ＱＯＬ）を高めた」ということを検証したい場合はやや面倒である。おそらくＱＯＬを継年的に調べたデータはないだろう。現在の状況に関しては，適当なＱＯＬ尺度を用いて，量的に研究を進められるかもしれない。運良く，ＡＲＶ治療薬の無料配布以前に，ＱＯＬを量的に調べた研究があれば比較できるかもしれない。しかし，一般には完全に同じ状況ではないので，他の方法を考えねばならないかもしれない。そのような場合，ＨＩＶ／ＡＩＤＳとともに生きる人々にインタビューして、昔の状況と今の状況を聞き取りすることが考えられる。こうなると完全に質的研究の方法論が、研究のためには適切になるだろう。ここまでの議論は、とくに構造構成主義によらなくとも、理解できるものと考えられる。

リサーチ・クエスチョンに対して適切な研究方法は質的研究以外にないのに、質的研究を行うと次のようなことを言われるかもしれない。「あなたが情報提供者に選んだＨＩＶ／ＡＩＤＳとともに生きる人々は、母集団を代表しているのですか」または「情報提供者の選択にバイアスがあるのではないですか」、「そんなに少数の情報提供者でいいんですか」、「インタビューの内容の解釈は正しいのですか」、「主観的な解釈では科学と言えないのではないですか」、「結果は一般化できるのですか」等々、ちょっと考えただけでよくある批判的な質問がたくさん出てくる。

こういった批判は、私自身が長らく生粋の量的研究者として研究を行ってきたのでよく理解できる。しかし、批判される側は、質的研究以外に採用すべき方法論がないにもかかわらず、そのような批判を受けるのは、極めて不本意な思いに駆られるのではないだろうか。

構造構成主義の理路は正しいと思うのだが，そもそも量的研究者は構造構成主義の考え方に興味を持つことはほとんどないし，説明したところでもともと聞く気がないのだから，理解させるのも難しいのではないだろうか。いわゆる「バカの壁」（養老，2003）であるが，どうすれば納得させることができるのだろうか。

１つはすでに説明したように，構造主義科学論に基づけば，質的研究も量的研究同様に科学的な理論やモデルをもたらすことができることを説明することである。しかし，これだけでは相互理解への道は遠いだろう。

もう１つは，かなり面倒ではあるが，質的研究の本質である「テクストの研究者の主観に基づく解釈」が，自分勝手な解釈方法ではなく，実は普遍的な結果をもたらし得る基盤に基づいていることを説明することである。このためには，我々が用いている言語について，現象学的にまた論理的に考えてみたいと思う。

●ソシュールの一般言語学

ソシュールはスイスの言語学者であり、初めて科学的なパラダイムを言語学に取り入れた人物と言ってよいだろう。ソシュールは、1906年から1911年にかけて、ジュネーブ大学で一般言語学の講義を行っているのだが、その内容を論文や書物にせず亡くなってしまった。しかし、ソシュールの弟子のバイイとセシュエが、本人たちは出席しなかったにもかかわらず、この講義に出席した学生たちの講義ノートをもとに適当にまとめ、自分たちの考えで解釈し、ソシュールの『一般言語学講義』として出版した。日本では、1928年にいち早く小林英夫により翻訳された。しかし、もともとソシュールの手による本ではなく、授業も受けていない者の解釈による言語論であるため、誤解と歪曲に満ちていると、丸山(1981, 1983)は指摘している。最近になって、やっと第3回講義にすべて出席し、精緻な講義ノートを残していたConstantinが書いたノートをもとにした一般言語学の講義録が出版され(Saussure/相原・秋津訳, 2003)、かなりの誤解が払拭されたのではないかと考えられる。

それでは、ソシュールの一般言語学とは、どのようなものであったのか、その主要な概念

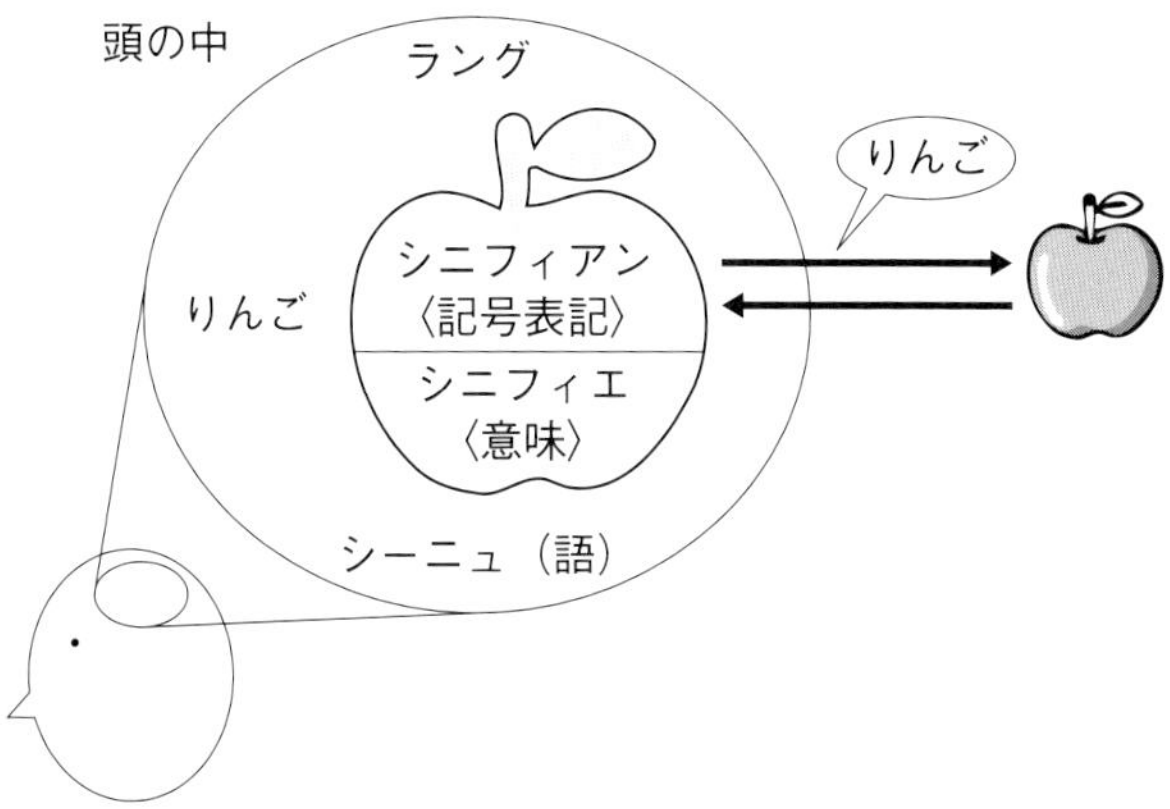

図3　言葉とラングの構造

のみを簡単に説明しよう。すでに第2章でも簡単に説明しているし、学会などでも説明しているのだが（髙木, 2009c）、重要な点なので再度説明したい。

図3は、「りんご」という言葉がどのように構成されているかを示したものである。人間はそれぞれが属する文化内で単一の言語を話したり書いたりしている。ソシュールは、それを「ラング langue」と呼んだ。日本では「日本語」が、英国では「英語」が使われているように、個別の言語がラングである。

さて、素朴な質問として「日本語はどこにあるのだろうか？」と問われたらどのように答えるだろうか。「本の中?・」それとも「日本語の辞書の中にある?・」、なんとなくそう答えたくなるが、実際の所、日本語は我々日本人の頭の中にある。

我々は、生まれるとすぐに母親や父親からさまざまな言葉で話しかけられる。実際の音声としての言語は「パロール parole」と呼ばれ、この反復によって、いつしか我々の脳内に言葉を使用するためのネットワークシステムが作り上げられるものと考えられる。すなわち、日本語のような言語は、「個々人の脳内にラングとしてシステムが構築される」のである。

このように構成されたラングのシステムの要素である言葉(シーニュ signe)は、興味深い特質を持っている。例えば、日本語で「りんご」と聞くと、我々は「果物の一種で、赤くて、甘ずっぱい食べ物」のように思うだろう。このように、言葉は音声や記号表記の部分(シニフィアン signfiant)とその意味(シニフィエ signifie)の両面から構成されている。

ラングに関して、①ラングは恣意的である、②ラングは差のみである、③ラングは否定的である、という特徴が指摘されている。

①については、「ネコ」(日本語)が「cat」(英語)になったり「meo」(タイ語)だった

りと、言語によって異なるので、それが恣意的、すなわちなんの根拠もなくそうなっていることは理解できると思う。ただ、ラングは一定の文化の中でパロール（発話）によって通用しているため、勝手に「ネコ」を「ふんふん」と呼んでも本人以外は通用しないので、恣意的といっても社会の中で決まるという制限はある。すなわち、**④ラングは社会的にパロールによって構成されている**、と言える。

ラングを構成する個々の言葉であるシーニュの音声表記や記号表記であるシニフィアンは恣意的であるが、実はその意味であるシニフィエも、必ずしもきっちりとその意味が決まっているわけではない。シニフィアンが恣意的なのは納得できるが、「ネコ」や「イヌ」が、猫や犬以外の何を示すと言うのだろうか。例えば、「不安」や「希望」などの抽象的な言葉の持つ意味が不明確なのは比較的了解が得やすいだろうが、実在の動物と考えられるものがそうではないとは、おかしな考えに思えるかもしれない。

これは、第2章で説明したように、ものの名称についての唯名論の立場を考えると理解できるだろう。すなわち、「ネコ」という名称は、よく似た特徴を有する小動物の総称名であり、社会や地域によって、同じ意味のように思えても、実際は山猫のような小動物を含める社会もあれば、そうでない社会もあり、それがラングに反映されるということである。

「虹」という言葉の例でよく知られているように、日本人は「虹」と言うとすぐに「7色」と思うが、欧米では「rainbow」は「6色」だし、他の社会で「2色」ということもある。こうなると、同じ現象を見ているつもりでも、我々はそれぞれのラングを通じて、世界を「別々の固有の世界」として分節して見ていることになるだろう。このように考えてみると、我々の言葉が通じることが、極めて不思議に思えてこないだろうか。

●言葉の多義性と会話の信憑構造

個々の言葉であるシーニュが恣意的であり、パロールが社会的な存在だとしても、ラングが個々人の脳内に独立に構築されるシステムならば、我々は他者との会話で、相手の言うことの意味が本当に分かっているのだろうかという疑問が生じてくる。

例えば、「いい天気だね」と言われたとき、これはどのような意味を持つのだろうか。普通は、単純に現在の天気がよいことを述べていると考えられるが、「いい天気だから、どこかに遊びに行こう」と誘っているとも解釈できる。または、「いい天気だから、どこかに連れて行け」と催促、命令しているのかもしれない。もしかすると、恋人と別れたばかりで、真意は「でも、私の心の中は土砂降りだ！」と言いたいのかもしれない。

このように単純な会話であっても、その持つ意味は多義的である。そう考えると、本当に我々は相手の言っていることの意味を、正しく理解していると考えてよいのだろうかという疑問は、ますます強くなってくる。言葉の持つ本質的な恣意性から言っても、我々の会話は、単なる思い込みの連続によって支えられているのではないだろうか。

こういった疑問について、竹田（2001, p.128）は会話の信憑構造という考えを示し（図4）、会話におけるこのような問題を、**①認識問題**、および**②意味理解の問題**に分けて考察している。

①の認識問題とは、ある事柄について発言しようとした場合、発言者（図4の「発語主体」）が正しく発話し、相手（図4の「受語主体」）に伝えることができたと自分が認識できるか

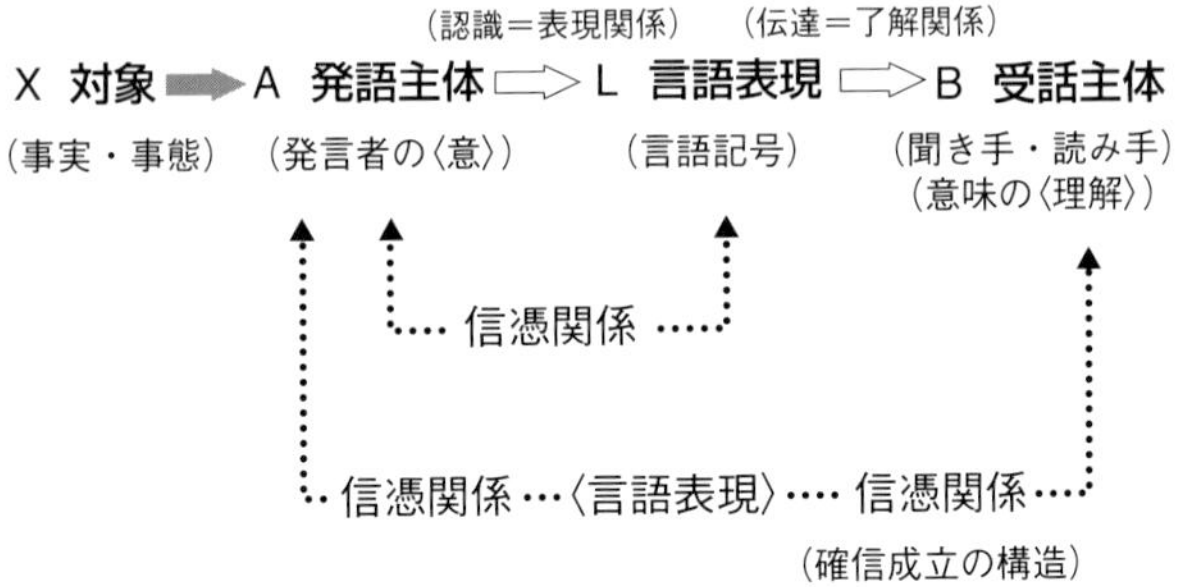

図4 会話の信憑構造

竹田青嗣（2001）．言語的思考へ—脱構築と現象学．径書房，p.128.

という問題である。「水が飲みたい」のならば「お湯ではなく、水が飲みたいこと」を相手に伝えねばならないし、「○○という映画を見たい」のならば、「△△ではなく、○○という映画を見たいこと」を正しく伝えねばならない。すなわち、自分の発言が、自分の意思の通りに相手に伝わったと確信が持てるかどうかという問題である。

②の意味理解の問題とは、聞き手が発言者の言ったこと（図4の「言語表現」）を正しく理解できたと確信が持てるかという問題である。発言通りに受け取ればよい場合、あまりこのようなことは問題にならないかもしれない。例え

ば、「お腹がすいた」と相手が言ったとすると、文字通りに受け取り、「食事に行こう」と答えればよいだろう。話しに裏がなければ、問題は簡単である。しかし、言葉の多義性から、話は簡単ではない。例えば、相手が「お茶漬けでもどうですか」と言った場合、聞き手が「はい、頂きます」と答えたとすると、この人は発言者の言葉の裏（真意）をまったく捉えていないことになる場合がある。よく知られているように、関西のある地域では、長居をする人に帰ってもらうために、このような発言をするそうである。したがって、単に聞き手が確信を持って発言内容を理解したと考えたとしても、本当は発言者の真意を誤解している場合も大いにあり得る。

図4に示したように、発言者が自分の言ったことでは、自分の伝えたいことを上手く伝えていないと思えば、そこで言い直しをする。つまり、再度、上手く表現できたと確信するように話すのが普通である。また、聞き手は発言者の真意が不確かな場合には、相手にどういう意味なのかを問うのが普通である。このように、実際の会話においては、我々は自分の真意を伝えたり、相手の発言の意味を理解するように、それぞれのプロセスで相手の意味する

ところについて確信が持てるようにし、なんらかの問いかけをするのが普通である。このような会話における発言者と聞き手との関係が、「会話の信憑構造」である。

先ほどの「お茶漬け」の場合のような誤解もありえるが、これは特定の地域での会話のルールを発言者のみが知っていて、聞き手がそれを知らないことが原因である。実際には、長居をし続ければ、どうにかして相手に分かってもらうために、嫌みの1つや2つは出てくるに違いない。何はともあれ、これは異文化で研究活動をする場合の注意すべき点である。

●確信成立はどこから来るのか

「会話の信憑構造」は、現実の我々の会話での確信成立の構造をよく表していると考えられるのだが、我々は自分が発言したことや相手の言ったことの意味を、なぜ正しく理解したと確信できるのだろうか。言い換えると、どこからその確信が生じてくるのだろうか。竹田(2001, p.166)は、「『確信』もまた総じて到来的な本性(＝向こうからやってくる)をもつのである」と述べている。すなわち、普通に会話をしていれば、自然と相手の言っていることの意味は分かるものだし、分かったと感じるものであるということである。確かにその通りであるが、どうして自然と分かるのだろうか。

これは、質的研究でのテクスト解釈がなぜ上手くできるのかと同型の疑問である。すなわち、質的研究では、主にインタビューでの会話の記録を解釈することが多いが、普通は自然となんとなくその意味が分かるのである。なぜなのだろうか。「自然と分かる」では、答えになっていない。この問に答えられなければ、主観的テクスト解釈の問題をクリアできないことになるだろう。

この問題を解決するには、上述のようにソシュールの指摘したラングの社会的構成と、個々人の脳内のラングの構造についての仮定が必要がある。この点については、すでに指摘しているが（高木, 2007）、以下にやや詳細に説明しよう。まず、以下のような仮定が、テクスト解釈で必要とされるだろう。すなわち、

①ラングはパロールにより社会的に構成されている。

②同一社会内の個人のラングの構造は同一もしくは同型である。
③ある現象に関しての認識構造は両者（情報提供者と研究者）で同一もしくは同型である。

さらに，池田（1998, pp.93-94）が指摘するように，

④同一のラングを持つ個人は，ラング以外の内部世界においても，同一構造を持つに違いない（暗黙の前提）。

これらの仮定が成り立てば，我々は言語の持つ多義性の問題をかなりクリアすることができるものと考えられる。

しかし，本当にラングは各人の頭脳で同型，もしくは同一のシステムとして構築されているのだろうか。我々は脳の中を自由に見ることができないので，今のところ証明は不可能である。しかし，

①情報提供者と研究者の間で会話が正しく成り立つように思われる。
②真善美に対する価値観に違いがないように思われる。
③喜怒哀楽などの感情面での違いがないように思われる。

といった点から，間接的にではあるが，同一のラングを用いる人々の中では，個々人のラングの構造の同一性／同型性の仮定は成り立つのではないかと考えられるだろう。

もう一つの傍証は，質的研究の結果に対して，「そんなことは分かっている」という，よくある批判の存在である。質的研究の結果に対して，なぜそのような批判ができるのだろうか。このような批判は，量的研究者と質的研究者のパラダイムの相違に，その原因を求めがちである。しかし，それだけではなく，質的研究にとってより本質的な問題である，テクスト解釈におけるコード化やコアカテゴリーの抽出などに，密接に関連しているものと考えられる。

例えばタイのＨＩＶ／ＡＩＤＳとともに生きる人々を情報提供者として，自分がＨＩＶ／

AIDSに感染していることを初めて知ったときの心的な衝撃を知ることを目的に、インタビューを実施したものとしよう。タイのように日本とは異なる文化を持っている国でさえ、実際に調査をしなくても、得られる結果についてはおおよその見当はつくだろう。「自己の死への恐れ」、「社会的差別への危惧」、「子どもの将来への不安」、「配偶者への怒り」などの概念が抽出されるのではないかと思いつくのではないだろうか。実際にインタビューしてみると、こういった概念がインタビューから確かに抽出される。

このように、調査をせずともある程度の予想がつくということは、「**常識としてその概念が社会的に存在する**」ことを示しているものと考えられる。すなわち、その社会に所属する人たちの認識構造が、その現象については同一か同型であるために、予測が可能になると考えることができるだろう。

したがって、「そんなことは分かっている。当たり前だ」という批判の存在は、社会的にみて、多くの人の認識構造の同一性/同型性の証拠ではないかと考えられる。もっとも、すべての概念があらかじめ予測がつくわけではない。個々人の経験の相違により、特定の現象に関しての認識には差があるものと考えられる。それらの相違を上手く抽出し、モデル化することが質的研究の意義ではないかと考えられる。なお、この「当たり前」の問題については、テクスト解釈に関してかなり重要な意味があると考えられるので、第4章でさらに検討を加えたい。

●言語は生得的なのか

日本語のようなラングが、個々人の頭脳の中で同一か同型の構造をしているというのは、今のところ直接的には証明が不可能な仮説であるが、テクスト解釈に関しては極めて重要な仮説でもある。すでに、言語学の分野にはこの仮説を強力に支持する極めて強力な学説が存在する。

子どもが言語を獲得する過程に関しては、いくつかの疑問があり、「プラトンの問題」として知られている。すなわち、「人間は、世界との接触が短く、個人的で限られたものであるにもかかわらず、かくも多くのことを知りうるのは、どのようにして可能なのか」という問題であり、言葉についての「刺激の欠乏の問題」の一つである（Chomsky, 1987／加藤泰彦・加藤ナツ子訳, 2004, p.41）。子どもは生まれてから経験する言語のデータは、必ずしも完全なものではなく、不備がある。しかも、いつも正確な言語を親や周囲から聞くわけではない。つまり、経験する言語の刺激は貧困なのに、生後5年程度で獲得される言語は完全であるという事実はどうしてなのかということである。

また、①人間ならば誰でも母語を獲得できる、②人間と同じ仕組みの言語を獲得できるのは人間以外の動物にはいない（町田, 2006, p.187）という事実がある。

さらに、かなり不思議なことに「離散無限性の概念」が教えられなくとも分かっているえれば、これが無限に続くことを、我々はすぐに理解できる。つまり、1＋1＝2、2＋1＝3のように教えれば、これが無限に続くことを、我々はすぐに理解できる。つまり、子どもであっても、100＋1＝101が最後だなどとは考えない。これは数字の離散無限性の例であるが、言語も同じである。例えば、「……「「「「それは夢だと思った」と夢の中で思った」と夢の中で思った」……」と夢の中で思った」のように、いくらでも無限に入れ子構造の文を考えることができることを、とくに習わなくとも知っている。

我々の知っている言葉は有限であるが、そこからこのようにして無限の文を構成することが可能である。このようなことは、誰かに教わって理解しているのではなく、子どものときに母語を覚えながら無意識に理解していることである。

なぜ、人は教えられていないのに、不完全な会話の中から、完全なラングを構成できるのだろうか。プラトンの答えは、「我々は前世からの記憶があるので多くのことを知っているのだ」というものだった（Chomsky, 1987／加藤・加藤訳, 2004, p.42）。この解答は、反証が不可能なので、科学的な理論として受け入れるわけにはいかない。しかし、答えとしてはかなり的を射たものであると思われる。

それでは、どのように答えれば科学的な仮説として受け入れられるのであろうか。チョムスキー（Chomsky, 1987／加藤・加藤訳, 2004, p.42）は、「この仮定を現代の言葉で言い換えると、知識、信条、理解などの認知システムは、遺伝的資質によって決められた形で発達する」と指摘している。これは、人間は生まれながらにして、脳の構造として言語のための文法システムを持っているという仮説に結びつく。また、人間は日本人の子どもでも米国で育てば英語を母語にするし、逆も成り立つ。したがって、人間の脳内の言語システムは、そのような異なる文法にも対応するようなシステムでなくてはならない。このような心・脳の文法の初期状態（生まれたての状態）を「**普遍文法 Universal Grammar**」と呼び、ある特定の定常状態（ある言語を母語として獲得した状態）を「**個別文法**」（日本語や英語などの文法）と呼ぶ（Chomsky, 2002／大石・豊島訳, 2008, pp.8–9）。

このような普遍文法が、実際に我々の心・脳内に存在しているのかという問題は、さまざまな言語で研究されている。その詳細については本書の目的とするところではないが、極めて興味深い理論であることは間違いないだろう。

しかし、これに対して批判がないわけではない。すなわち、チョムスキーの普遍文法に関して、「**深層構造**」（発話や言葉として表面化していない状態。表面化したものは、「**表層構造**」）がすべての言語で同一であるという仮定には異論がある。田中（2000）は、チョムスキーが英語のみをもとに、全言語に共通する深層構造における普遍文法の存在を仮定することは、一種の英語帝国主義とユダヤ的普遍主義によるイデオロギーに基づくものとして、かなり激しい疑義を述べている。

ただし、子どもが普通はわずか5年程度で完全な文法を作り上げるのであれば、生まれつき頭の中に普遍文法が組み込まれていなければならないと考えなければならない（町田, 2006, pp.183–184）ということも、大きく間違った主張ではないように思われる。

仮に、人間の心・脳内に普遍文法が構造的に存在するのなら、我々の認識や思考はその心・脳内システムによって生み出されていることになる。そうだとすれば、前述した「ラングの同一性／同型性の仮定」が成り立つものと考えてもよいことになる。その結果からは、主観的なテクスト解釈と思われていた「主観」が、すべての人類の心・脳構造に「共通する言語システムに基づく主観」であるということが導かれる。

したがって、テクスト解釈は上手くやれば、誰が解釈してもかなり再現性のある結果を与えることができるだろう。再現性は科学的研究の特性であり、再現性が担保できるのならば、質的研究も理論的には科学的な結果を与えることができることになる。

第4章
質的研究の結果は当たり前か

●テクスト解釈と「当たり前問題」

これまで述べたように、質的研究の結果に対する批判の中で、しばしば聞かれる言動として、「こんな結果は当たり前ではないか。やらなくても分かっていることだ」というものがある。このような批判が生じる理由として、人間の心・脳内にラング（言語）として構築されるシステムが同一もしくは同型だからであり、逆にこのような言説の存在自体がテクスト解釈の共通了解の可能性を強く支持するのではないかということを第3章で指摘した。

この「当たり前問題」（ここではこのように呼ぶことにする）は、質的研究の本質であるテクスト解釈にとって極めて重要と考えられるので、もう少し議論を進めておきたい。

我々は日常的にさまざまな体験をしているので、意識しているか無意識かは別にして、ある現象に関して、各人がそれぞれの意見や考えを持っているのが普通である。例えば、看護師としてがん患者を長年ケアしていれば、がん患者がどのように死に臨んでいるか考えないわけがないだろうし、自分の死についてもまったく考えないということはないだろう。

タイ北部地区の住民のように、友人や親族がＨＩＶに感染したり、ＡＩＤＳによって死亡したりするのを目のあたりにしている人々にとって、ＨＩＶ／ＡＩＤＳとともに生きる人たちを取り巻く問題、すなわち社会的偏見、貧困、売春、社会格差、医療制度、宗教などについて、いろいろと考えないとすれば、よほどのんきな人か、または本当に鈍感な人に相違ない。

したがって、例えば、がん患者の死の受容について看護師が質的研究により研究論文としてまとめた結果を、量的研究をもっぱらとする医療職者が聞いたときに、自分のそれまでの経験を通して構築された心・脳内の言語システムが、直観的な判断として、その研究結果は「当たり前の結果しかないな」と思うこともありえることだろう。ここでは、そのような状況と理由を、質的研究のテクスト解釈の方法論に絡めて少し考えてみたい。

質的研究を、例えばグラウンデット・セオリー・アプローチ（Grounded Theory Approach；以下、ＧＴＡとする）の方法で行うとしよう。研究のテーマに沿って、ある現象に関する情報収集を行い、テクストを作成し、それを解釈して、重要な概念（カテゴリー）を探索し、研究している現象を上手く説明できるモデルを構築しようと試みる。このような質的研究のプロセスとよく似たことを、我々は日常生活の中でさまざまな現象に遭遇したときに、その経験を心・脳内の言語システムに無意識に蓄積しているのではないだろうか。
我々は、いちいち経験した現象をそのたびごとに意識的に解釈したり、概念ごとに分類したりはしない。今の現象は何だったのか、自分なりに整理して考えることは稀にはあるが、それほど頻繁にあるわけではない。普通と思われる現象は、その経験は経験として心・脳内のどこかに無意識のうちに保存されてしまうのである。

このようなシステムを我々は心・脳内に構造として持っているために、質的研究者がある現象について研究結果を発表した場合、その現象について経験がある人ならば誰でも「あれ、聞いたことがあるな」とか、「何を当たり前のことを言っているのだろう」などと感じることは、極めて自然なことであると考えられるのではないだろうか。

また、質的研究者が収集してきた言語情報であるテクストを解釈する場合には、それまでに自分自身が構築してきた心・脳内の言語システム（ラング）に保存されているさまざまな概念を用いることになる。意識するかしないかの差はあるが、テクスト解釈は突拍子もないことをしているのではなく、ある程度はこのような自然と構築された「常識的な概念」を用いてもいる。もちろん質的研究者は、テクスト解釈についてはそのためのトレーニングを積んでいるのであるが、基盤となるような部分に関しては、量的研究者とも共通しているラングの部分も多いものと考えられる。したがって、研究対象となっている現象が極めて特別なことでない限り、このようなテクスト解釈のプロセスによるために、「当たり前」という批判が簡単に生じてしまうのではないだろうか。

●GTAでの「理論的比較」について

質的研究者の心・脳内に構築され、無意識に保存されているさまざまな概念を積極的に用いて、実際の質的研究に役立てる方法がすでに存在している。すなわち、グラウンデッド・セオリー・アプローチ（GTA）の「理論的比較」と呼ばれる方法がそれである。

戈木（2006, pp.97–108）によれば、「比較」はGTAの大きな特徴の1つであり、データへの感受性を高めて理論化を促進する力がある。比較を大きく分けると、①データに基づいた比較（データ内の比較、他のデータとの比較）、②理論的比較（近い比較、遠い比較、フリップ-フロップ〔ひっくり返し〕）、の2種類がある。GTAでは比較により、概念のプロパティとディメンションを効率よく増やし、それによって研究対象としている概念を明確に把握できるようになる（戈木, 2008, p.130）。

GTAに不慣れな読者には、プロパティとディメンションという用語が理解しにくいかもしれないので補足しておこう。例えば、「虹」という現象について考えてみよう。我々日本人にとって、虹と言えばすぐに「7色」と考えるのであるが、これは虹が持っている「色」という特性（プロパティ）であり、それが「7色」の次元（ディメンション）からなるということである。また、虹は橋のような形をしているので、同様に「形状」というプロパティと「橋のような」というディメンションを持っていることも分かるだろう。

虹のような我々の心の外側にあるような実在物は視覚的な特徴から、そのプロパティとディメンションはわかりやすい。しかし、HIV／AIDSとともに生きる人々が感染を初めて知ったときに思い抱く《配偶者への怒り》のような抽象的な概念のプロパティとディメンションは、このような方法に慣れないとなかなか思い浮かばないかもしれない。HIV／AIDSの例では、【時期–感染を知った時】【怒りの対象–配偶者】【怒りの強さ–極めて大きい】のような組み合わせが、プロパティとディメンションの組み合わせの例である。

このように我々が用いているさまざまな概念は、さらにそれに関係する他の概念と緊密にネットワークのように結びついている。このため、ある概念のプロパティとディメンションをできるだけ多く抽出することは、それだけその概念を特定化することになり、他の概念との相違をより明確にすることができるようになる。ここでは、GTAの方法をこれ以上詳細に述べるつもりはないので、そろそろ本題に入ろう。

●研究者自身のアイデアに基づく理論的比較

さて、ここで考えてみたいのは、研究者自身のアイデアに基づいて行われる②の理論的比較についてである。比較に関するGTAでの具体的な方法については、戈木（2006, 2008）を参照していただくとして、簡単に以下に説明しておこう。

「近い比較」とは、データから得られたある概念に近い状況を考えて、そのプロパティとディメンションを考えていく方法である。例えば、タイのＨＩＶ／ＡＩＤＳとともに生きる人々について、【ＨＩＶ感染を知ったときの想い】について調べている場合、上記のような《配偶者への怒り》という概念が抽出されたとしよう。このような場合、よく似た状況として、【近隣住民への怒り】の状況を考えて、そのような状況でのプロパティとディメンションにはどのようなものがあるかを考えていくことで、それらを効率よく増やしていくことができるだろう。

「遠い比較」は、問題となっている概念とまったく関係のないような状況を考えて比較する方法である。例えば、《配偶者への怒り》に対して、【ペルシャ猫を飼う】のような本当にまったく関係のない状況を考えて、プロパティとディメンションを増やしていく方法である。この比較方法の意義はやや分かりにくいのだが、このようにまったく関係のないと考えられる状況でのある概念のプロパティとディメンションを考えることで、現在問題となっている概念にも適用できることがないかを探るための方法であると考えればよいだろう。案外と関係のないと思われることでも，共通する部分があるかもしれないことから，このような方法が考え出されたのではないかと推察する。

「フリップ-フロップ」は，問題となっている概念と完全に反対になるような状況を考えて比較する方法である。例えば，《配偶者への怒り》に対して【配偶者に怒りを感じない状況】とか【配偶者に感謝する状況】を考えて，そのような状況とはどんな状況なのかを考え，それに関係するプロパティとディメンションを増やしていく方法である。

ここでは，このような比較により得られる具体的なプロパティとディメンションを挙げることはしないが，GTAの方法論とは異なる視点から，すなわちテクスト解釈とモデル構築での心・脳内にある言語システムを用いるという点から，理論的比較とは何をしているのかを，考えてみたい。

●理論的サンプリング

GTAでは，理論的比較はあくまでも，すでに抽出された概念のプロパティとディメンシションを増やすために行うものである。GTAはまたその名前が示すように、データに基づかない概念は採用しない。したがって、新たに考えついたプロパティとディメンションがデータの中になければ、それをモデルの中に組み込むことはできない（戈木, 2006, pp.107–108）。このため、そのようなプロパティとディメンションを持つような新たな情報提供者を探してインタビューなどを行い、データを収集する(理論的サンプリング)。新たなテクストの中に、まだ抽出していないプロパティとディメンションを見つけることができれば、モデルの中にそれを組み込み、研究中の現象の説明力の向上にも役立たせることができる。

図5はアリストテレスが考えたと言われている科学的理論の発展のプロセスである（Losee, 1972／常石訳, 2001, pp.15–19）。図5のように、科学的な理論の発展プロセスは、ある現象についてのデータに基づいて理論（モデル）を作り（**帰納的プロセス**）、その理論が実際の現象に上手く適合しているかを検証する（**演繹的プロセス**）ことで発展していくと考えてよいだろう。GTAでは基本的には、このような帰納的なプロセスを重視して、モデルを構築する方法であると考えられる。理論的サンプリングは演繹的プロセスであるが、上記のように現実

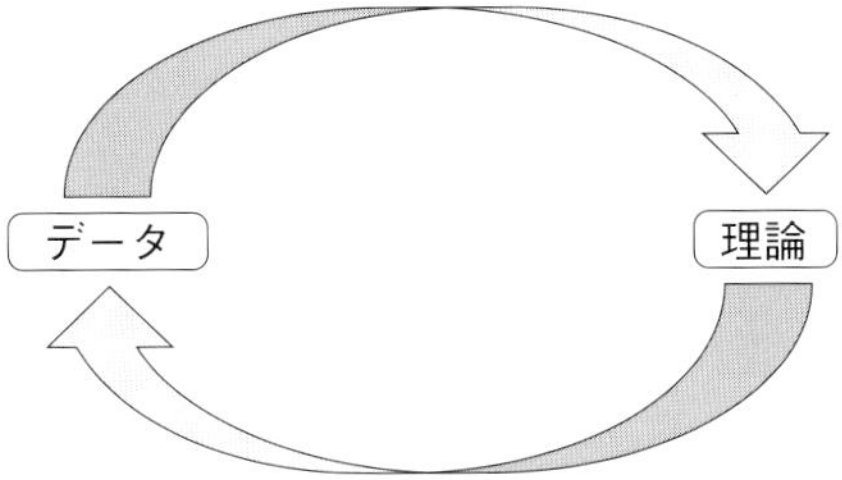

図5 科学的理論発展のためのプロセス

のデータが見つからない場合には、理論的比較で得られたプロパティとディメンションはモデルに採用されないので、帰納的プロセスをより重視した方法であると言ってよいだろう。

このようなGTAの理論的比較の方法と理論的サンプリングに関しては、私には若干の疑問が生じる。それは、仮に理論的サンプリングを行い情報を増やしていっても、あくまで我々が収集できるデータには限度があるからである。したがって、新たなプロパティとディメンションが見つけ出せなくても、それはそのプロパティとディメンションが存在しないことを意味するものではない。同様に、情報提供者を増やしても新たなカテゴリーを見つけ出せないとしても，それは研究者の頭の中で考えた概念を他の人が共有していないことを意味するわけではない。すなわち，5人の情報提供者では見いだせなくても，50人ならば見つけることができるかもしれない。または，50人でだめならば，500人の情報提供者をインタビューすれば，新たな概念を発見できるかもしれないのである。これは，理論上は否定できない事実であり，第2章で説明したポッパーの反証主義のもとになった考え方と同じである。

GTAはあくまでもデータに基づいて理論を構築するということになっている。しかし，理論的飽和は，このように考えると理論上は達成できない思考上の目標ということになるのではないだろうか。

●考えただけの概念を理論に組み込めるか

ここで，すでに第2章で説明した科学における理論とは何かを再考してみよう。構造主義科学論の考えに従えば，科学理論はその真偽を問う必要はなく，ある特定の現象をいかに上手く説明できるかで評価される。またポッパーの反証主義の説明で述べたように、科学理論の経験的検証は不可能であり、反例のみがその理論を反駁することが可能である。図5においても、ある現象に関する理論の発展プロセスには際限がない。すなわち、データから理論を構築するが、それがデータに合わない場合や修正が必要な場合には、この帰納と演繹のプロセスが繰り返されることになる。また他の理論が提唱された場合も同様である。

さらに言えば、通常、理論は必ずしもデータにすべてを依存しなくてもよいはずである。当然、提唱されたモデルはあるデータに基づかねばならないかもしれないが、まだ収集されていないような他の現象を予測することができれば、さらによいモデルになるのではないだろうか。

問題は、我々がある現象について質的研究をしている場合、さまざまな概念や中核となるカテゴリーは、情報提供者からのデータに基づいてはいるが、あくまでも我々の心・脳構造が生み出したものでもあるという事実である。この意味は、私には極めて重要なことと思われる。なぜならば、よい理論は必ずしもデータのみに基づいて構築されるものではないからである。

例えば、空気中の物体の落下速度と時間の関係を測定したデータは、観測を精密にすればするほど空気抵抗や風、物の形状とその大きさなどの影響を受けるため、データを忠実に再現できるような方程式は、数式として綺麗な形式で記述することはできないだろう。現象が上手く説明できるとともに、理論的な整合性やその理論式の数学的な美しさなども理論家には重要な考慮すべき点である。例えば、ニュートンの万有引力の法則で、データへの適合を高めるために、距離の2・1乗や1・98乗などという中途半端な数値を式の中に入れることはなかった。ぴったりとした距離の2乗の項を式中に入れたのは、観測データよりも理論的な整合性に基づくものといえるだろう。

同じように、質的研究でのモデル構築においても、データから抽出された概念をすべて使う必要はないだろうし、かえって不必要な概念は余分なものとして捨てたほうがよいかもしれないのである。研究している現象に対する説明力が同等ならば、作成するモデルはできるだけ簡単なほうがよいし、あまりに煩雑なモデルは審美的な視点からもよくないだろう。この点に関しては、ある程度の賛同を得られるものと思われる。

それでは、いま手元にあるデータからは出てこない概念なのだが、どう考えてもその概念をモデル中に入れたほうがよりよく現象を把握することができるようになると考えられる場合は、どのようにすればよいだろうか。そのような場合、研究手順としてはまず理論的サンプリングをする必要があるのだが、すでに指摘したように有限回の試行では、必ずしも必要なデータは得られないかもしれない。また、研究論文に提出期限がある場合などは、どこかでデータ収集を打ち切らねばならない。したがって、とるべき方法は以下の2通りに集約されるだろう。すなわち、

データに基づかない概念（プロパティとディメンションも含めて）は、
①モデル中に採用しない。
②モデル中に採用する。

である。

通常は、実証的な科学研究はデータに基づくべきであるという理由から、①が採用されるだろう。しかし、なぜ②がいけないのだろうか。①の理由もよく考えてみると、必ずしもその通りとは言えないように思われる。テクスト解釈に関しては、確かにその通りだが、モデル構築にはかならず思考上の飛躍（アブダクション）が含まれることがしばしばである。この点に関しては、第6章でより詳細に記述するが、これは必ずしも現実のデータのみに基づくものではない。

①の理由として、仮に質的研究の教科書にそのようにしなさいと書いてあるからそうすればよいというのでは、私には到底納得できるものではない。

研究のために収集した情報提供者である他者のデータには、そのような概念が見つからなかったにしろ、研究者自身の頭脳から導かれた概念は重要ではないのだろうか。研究者自身の心・脳構造の中にそのような概念があるということは、丹念に調べれば他者の心・脳構造の中にも同様な概念が存在しているかもしれないのである。

さらに言えば，科学的な理論やモデルは，何度も指摘するように，100％実際のデータに基づいて構築されるわけではない。とくに，極めて局所的な現象の説明ではなく，一般化したモデルを作成したい場合には，理論的な整合性から，データには未発見の概念をモデルに導入するのは珍しいことではない。

もともと我々の心・脳内にあるさまざまな概念は，それまでの個々人の経験を通して形成されたものである。したがって，研究中に思いついた概念や，そのプロパティとディメンションなども，いまのところ収集したデータ中にはないとしても，さらに探し求めれば，いつの日かある情報提供者の言説の中に見つかるかもしれない可能性は常に存在しているのである。

とにかく，少なくとも研究者自身の心・脳の中には存在している概念なのだから，研究中の現象に対する説明がよりよくなる場合のみという限定付きではあるが，それをなんらかの形で理論中に活かしてもよいのではないかと私には考えられる。

実際には，思いついただけの概念をモデルに組み込まない場合と組み込んだ場合の2通りを提示し、データにのみ基づく場合のモデルと理論上のモデルとを区別すべきであろう。その上で、研究中の現象についての説明が、どのようによくなり、また問題は何かを明らかにしながら、理論上のモデルについて考察を進めるべきだろうと考える。

第5章
質的研究の結果は、一般化できるのか

質的研究の結果を発表した場合、結構よくある質問として、「この結果は一般化できるのですか」というのがある。この種の質問自体は、あたかも研究結果の一般化や普遍化の可能性について尋ねているような印象を与える。しかし、その実際上の意味するところは、「こんなわけのわからない研究結果を発表して、何を考えているのか？」という疑問や非難が根底にあるに違いないと思われるのだがどうだろうか。

このような質的研究に対する非難の理由として、「対象者の選び方が恣意的である」、さらに「標本数が少なすぎる」といった点があげられるだろう。普通に考えると、この質問の意味するところは「対象の選び方に偏りがあるのだから、一般化はできないはずである」、さらに「こんな少数の対象による研究では、所詮一般化は無理である」ということである。すなわち、どちらにしろ質的研究の結果は、その研究方法に見合った結果として、偏りのある一般化できないものであるということを主張していると言えるだろう。

このような結果の一般化に対する否定的な主張に対して、質的研究者はどのように返答すべきなのだろうか。

①「この結果の一般化は不可能です。質的研究では、一般化は目指していません。一回起性の現象はその記述ができればよいのです」

②「この結果の一般化は可能です。この結果から一般的なモデルが構築できます」

どちらの答えが、科学的な質的研究を目指す研究者にとって好ましいだろうか。私としては、当然②を選びたいのだが、問題はそのような主張が可能なのかということである。

今回は、質的研究の結果の一般化について、これまでの議論を踏まえて考えてみたい。

●一般化について

ところで「研究結果の一般化」ということは、よく言われることであるが、実際にはどのようなことを示しているのだろうか。例えば、アインシュタインの有名な「$E=mc^2$」（エネルギーは、質量と光速度の2乗の積に等しい）という理論式で表される結果について、とくに「一般化はできるのか」などという質問や議論は出てこない。理論物理学のような厳密科学の理論式は、もともとすべての事象について成り立つように考えられているのだから、これは当然である。

そもそも考えてみれば分かるように、この一般化の質問や議論は「標本と母集団」の関係を問うているのである。すなわち、極めて大きな母集団から、ほんの一握りの標本を取り出して行った調査などで収集したデータを用いた研究結果が、もとの母集団に適応できるのかという統計学的な問題である。このような質問に対しては、研究結果が一般化できるためには、「標本は無作為抽出されねばならない」とか「処理の割り付けは無作為でなければならない」などといった、極めてステレオタイプの回答がよく言われることになる。しかし、これはどのような研究についても当てはまることなのだろうか。

インは研究結果の一般化（普遍化）の方法として、質的研究の結果から得られるような理論を拡張する「分析的一般化」と、母集団の一部である標本から得られる結果から、母集団特性の推論を行う「統計的一般化」を区別する必要があることを指摘している（Yin, 1994／近藤訳, 1996, pp.43–53）。すなわち、通常よく言われる「研究結果の一般化」とは、概ね「統計的一般化」を意味していることが多いのである。まず、この点について簡単に説明することにしよう。

●統計的一般化

考え方が単純で理解しやすいので、量的研究の一般化についてまず考えてみたい。看護研究での量的研究としては、自記式質問紙を用いた調査による研究デザインが考えられる。このような調査研究においては、母集団の構成員すべてを対象として調査するようなことは稀である。通常は、母集団の一部を調査するという、「標本調査」がよく行われる。例えば、糖尿病患者の生活習慣をよくするための基礎資料を収集したいと考えたとしよう。すべての糖尿病患者を調べることは、そもそも不可能であるし、実際のところその必要もない。せいぜい数百名程度の糖尿病患者を対象とした調査研究を行うのが普通だろう。

このような、研究においては、「この研究結果の一般化はできますか」という質問は、当然のことであり、結果を一般化できないような研究では、研究する価値がないのと同じことなので困ってしまうだろう。例えば、「本研究では、男性患者の50％に喫煙習慣が認められた」という結果が、すべての糖尿病患者に成り立つのかは重要な点であり、また大きな関心事でもあるし、そもそもそういったさまざまな特性を知るための研究でもある。

このような標本調査による研究の結果の一般化の問題は、極めて単純であると言えるだろう。この問題は、単に調査対象が無作為に抽出されているかという点だけに還元されてしまう。もしくは、臨床での比較試験などの場合には、処理が無作為に割り当てられているかという点が問題になるだけである。

どちらにしろ、この問題は統計学の理論を用いて、標本データから母集団のさまざまな特性値を推定したり、検定したりする問題になる。したがって、量的研究の結果の一般化の問題は、収集した標本データを用いてどの程度統計的方法が適切に使用できるのかという問題になる。

統計学的推論が使えるのは、すでに述べたように、標本が正しく無作為に抽出された場合である。一般には、臨床研究では統計学が要求するような標本の無作為抽出や無作為割り付けを適切に行えるとは限らない。臨床研究でのインフォームド・コンセントの必要性の認識と浸透に伴い、正しく無作為標本より対象を選んだり、処理を無作為割り付けを行ったとしても、拒否や研究途中でのドロップアウトのため、対象に選ばれた全員のデータを収集することが困難になってきている。このような状況下で、量的研究の一般化について検討する必要が生じているが、あくまでも統計的推定や検定が適用可能かという観点から、これらの点が議論されるのが普通である。

●質的研究での一般化について

それでは、質的研究の場合の一般化である「分析的一般化」とは、量的研究での結果の統計的一般化とどのように異なるのか考えてみたい。

もともとの分析的一般化の意味は、得られた結果を他の現象に拡張したり、モデルをより一般化することが可能かどうかということであった。

例えば、タイのＨＩＶ／ＡＩＤＳとともに生きる人々が、自分が感染しているという事実を初めて知ったときの衝撃に、【差別への恐れ】があるという結果を10人の情報提供者のインタビューデータから得たとしよう。この結果が明らかに量的研究の結果と異なることは、誰でもすぐに理解できるだろう。

すなわち、量的研究では「喫煙率50%」のように、ある特性についての数値を用いた記述による結果が示されるのであるが、質的研究では特定の現象に関連したある概念が結果として提示されるのである。しかも、質的研究では複数の概念間の関係をモデル化して、研究中の現象を記述し説明しようとする。この点から言えば、質的研究の結果は、物理学での理論構築に似ていると言えるかもしれない。

これまで述べてきたように、質的研究では「研究者と情報提供者の認識構造の同一性または同型性」を暗黙の前提としており、これはある現象に関して社会における認識構造が共有されていることを前提とすることと同じ意味を持っている。すなわち、どの個人であれその認識構造は「母集団の構成員では共通であり、個人は母集団を代表している」と考えられる。

すなわち、我々の心・脳構造に存在する大部分の概念は、同一の共同体に属する人々に関しては共通するものと仮定できるので、仮に任意に選ばれた少数例を情報提供者とする質的研究の結果であれ、その一般化について議論する必要はほとんどない。正しいプロセスで得られたテクスト解釈により得られた概念は、そのまま一般化しても問題はないと言えるだろう。ただし、問題はその信憑性であり、それがどの程度信頼できるプロセスにより導かれた結果なのかということである。

結局、少数の偏った対象と思われるような情報提供者のみに基づく研究であっても、質的研究が最終的にはテクスト化された言語情報の解釈に基づく研究である点から、結果の一般化可能性が導かれることになる。しかし、この結論は必ずしもおかしなものではなく、質的研究の結果が抽象的な「概念」から構成されていることに由来する一般化と考えれば、もともと質的研究が内包している特質であるとも言えるかもしれない。

●一般化とエビデンス水準について

上記のように、質的研究の結果はそもそもが、人間の心・脳構造における認識構造というすべての人類に共通するような基盤に基づいているために，極めて一般的に作られているものと言える。したがって，その結果はすでに述べたように，科学的エビデンスをもたらすものであることになる。しかし，量的研究でもエビデンスの水準が考えられるように，質的研究の結果のエビデンスの水準はどのような基準で判断すればよいのだろうか。

構造主義科学論からは，第3章ですでに述べたように，問題となっている現象に対して，どれだけ説明可能かという点（現象への整合性）で，一般化の程度を評価すべきであると言われている（池田，1998）。もっとも，質的研究の結果である概念モデルを用いた現象の説明では，現象をどの程度説明できるかを数値で表現できるわけではない。研究上の現象を上手く説明できる理論が一番よい理論であると言われるが，極めて抽象的な表現になってしまう。この点では，どのくらい読者を納得させるかという点から評価する，というような曖昧な判断基準にならざるを得ない。しかし，ある現象を予測したりうまく説明できたりすれば，そのモデルの信憑性はずっと高いものになるだろうし，逆に説明がうまくできないのならば，なんらかの修正がモデルに必要なことを示していると考えられるだろう。

質的研究のある方法では、その結果の一般化可能性を高めるためには、理論的飽和や理論的サンプリングなどの手続きを適切に行うことも必要とされる（戈木, 2006, pp.139–144）。質的研究のプロセスの多くは、確かに主観的であるが、その主観を生み出す心・脳構造が共通了解可能な認識構造から生じているものと考えられるので、一定水準以上の能力を持つ研究者ならば、ほぼ似たような結果を得ることができるものと期待されるのではないだろうか。

もともと、ある現象についての質的研究の結果は、極めて一般化しやすいような「概念」間の構造を提示した「モデル」を用いることが多いため、よくできた研究では多くの読者の理解が得やすいかもしれない。とはいえ、質的研究の結果の信憑性を高めるためには、研究プロセスの明確な記載やテクスト解釈プロセスの適切な開示などの努力が、さらに必要とされるのは言うまでもないことである。

第6章

最後の難問——アブダクション

本章が『質的研究を科学する』の最終章である。最初に執筆を始めた頃に比べると書くスピードが格段と遅くなってきた。これは、テーマがそれだけ難しくなってきたためだと思っている。書きたいことはたくさんあるのだが、どうも言葉で上手く説明するのが難しいことが多くなってきた。

本書の最後に書きたかったこととして、テクスト解釈についての構造主義的な言語解釈に基づいて、切片化されたテクストのコード化やコア概念を探索するときに必要とされる「**直観的推論**」について考えてみたい。

質的研究におけるテクストの解釈に関しては、第3章で述べたように、我々の心・脳構造におけるラング（言語）の体系（構造）の同一性/同型性の仮定が基本的に必要となる（高木，2009d）。この仮定から、グラウンデッド・セオリー・アプローチ（GTA）（戈木，2008）のような、テクスト解釈でのオープンコード化の初期のプロセスについては、それで説明ができるようになる。しかし、より抽象的でかつ重要なコアの概念を思いつくプロセスについては、あまり上手く説明ができないだろう。このコア概念をどのようにして思いつくのかという点については、未だに曖昧でよく分かってはいない。実際には極めて重要なプロセスであるのだが、経験主義的な記述以外には、これといった解説書はなさそうである。

テクスト解釈だけでなく、一般に研究における推論の形態としては、「帰納 induction」と「演繹 deduction」がよく知られている。多くの質的研究の解説書では、質的研究はデータに基づいて帰納的に推論を行うとされている。しかし、実際の質的研究のプロセスは、まず帰納的プロセスによりデータから簡単なモデルを作成し、そのモデルに基づいたデータ収集を行い、問題となっている現象への適合性を調べたり、新たなデータからモデルを修正したりするという、演繹的プロセスをも含んだ再帰的なプロセスが科学的な質的研究のやり方である。

さらに、コアカテゴリー、概念の発見、モデル構築などにおいては、米国の科学哲学者パースが提唱した、第3の推論形態である「アブダクション abduction（仮説形成、跳躍的発想）」が重要である。ここでは、言語解釈の基盤であるラングの心・脳構造を手がかりにして、私なりに考えた仮説的理論を最後に述べさせていただきたいと思う。

●推論形式について

まず、3つの推論形式について、それぞれがどのような方法で推論を行うのかを説明しよう。Wikipediaによれば、演繹、帰納、およびアブダクションは以下のように説明されている。やや長いが的確に定義がなされているので、そのまま引用させていただく。

・「演繹は、aの帰結としてbを導くことを可能にする。ほかの言い方をすると、演繹は仮定されたことの諸帰結を導く過程である。妥当な演繹は、諸仮定が真であれば結論も真であることを保証する」

・「帰納は、あるaがbを必然的に伴うときに、bのいくらかの事例を挙げることからaを推論することを可能にする。帰納はいくらかの後件を観察した結果として蓋然的な前件を推論する過程である」

・「アブダクションは、bについての説明としてaを推論することを可能にする。このために、アブダクションは『aはbを必然的に伴う』の前提条件aがその帰結bから推論されることを可能にする。このように、演繹とアブダクションは、『aはbを必然的に伴う』のような規則が推論のために使われる方向が異なる。(以下、略)』

以上のような定義がなされているが、かなりわかりにくい点もあるので、もう少しわかりやすく説明したいと思う。

科学的な研究における帰納的推論と演繹的推論については、実際には古代ギリシャ時代から言われていたことである。図6は、アリストテレスが考えたと言われている推論方式を図示したものである（Losee, 1972／常石訳, 2001, pp.15–28）。

我々は、ある現象について、繰り返し観察を行うことにより、その中から共通する現象を一般化し、それを真実のものとして理論化することがある。このような方法は、アリストテレスの帰納的推論の方法の1つとして、「単純枚挙」として知られている。例えば、「昨日見たすべてのカラスは『カー』と鳴いた」、「今日見たすべてのカラスも『カー』と鳴いた」、したがって、すべてのカラスの共通する鳴き声について、【カラスは『カー』と鳴く】と表

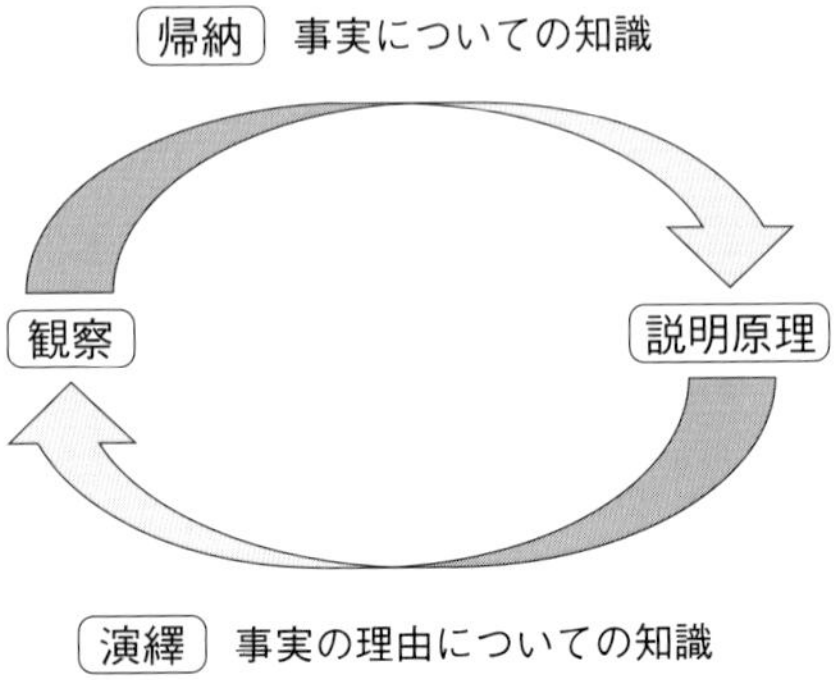

図6 アリストテレスの推論方式

Losee, JP (1972). A Historical Introduction to the Philosophy of Science. Oxford University Press. ／常石敬一(2001). 科学哲学の歴史—科学的認識とは何か〈復刻版〉. 紀伊國屋書店. p.15

現として法則や理論として一般化する方法である。

このような一般化は時間を含まないように見えるが、実際には、「カラスは過去も現在も、そしてこれからもずっと『カー』と鳴く」という、過去の事実から将来の予測まで包含している点に注意してほしい。

このようにいくつかの現象に共通する事実から、理論を作り上げるプロセスを「帰納」と呼んでいる。

さて、1度でもある現象について理論ができあがると、次は逆にその理論が実際の現象に適合しているか、すなわち、現象の説明に有用かということが問題となる。例えば、【カラスは『カー』と鳴く】という理論に基づけば、あらゆるカラスはいついかなる場合でも『カー』と鳴くことが観察できるはずである。本当にすべてのカラスは『カー』と鳴くのだろうか。もしも、あるカラスが『ガー』と鳴くのが観察されたとすれば、「カラスは『カー』と鳴く」という理論は成り立たないことになる。すなわち、ポッパーの反証主義に従えば、【カラスは『カー』と鳴く】は正しくないので、修正が必要になる（例えば、新たな理論として、【カラスは『カー』と鳴くか『ガー』と鳴く】のようにすればよい）。

アリストテレスの時代には、ポッパーは当然いなかったのだが、実際の科学的（当時は自然哲学）な理論の発展が、現象の観察に基づく帰納的推論と演繹的推論の循環により成り立つことは、古代ギリシャ時代にすでに分かっていたのである。

さらに言えば、アリストテレスはすでにアブダクションの重要性を認識していたようである（ただし、アブダクションという用語はもちろんなかったが）。すなわち、多くの現象の観察結果から単純枚挙により、ある理論を構成するだけでなく、直観的にその背後にある原理や法則を見いだすという「直観的帰納」が極めて重要であることを指摘しているのである(Losee, 1972／常石訳, 2001, pp.15-28)。このアリストテレスの帰納-演繹プロセスについては、ニュートンも肯定しており、「分析（帰納）と総合（演繹）の方法」と述べたそうである(Losee, 1972／常石訳, 2001, p.102)。

現代の科学は、ある現象の観察や実験に基づいてデータを収集し、そこから科学理論を導いてきたと考えられている。これは極めて帰納的な方法であり、その後、その理論から特定の現象を演繹的に予測したり、期待される理論値とのずれなどがないかを検討したりして、科学が進歩してきたものと考えてよいだろう。

しかし、よく考えてみるとデータから理論がそう簡単に思いつくものだろうか。例えば、リンゴが落下するのを何度か観察すれば、万有引力の法則を思いつくのだろうか。リンゴは形と大きさによって空気抵抗が異なるので、例えば、20m落下する時間とリンゴの重さを観察しても、普通の人にはそのデータだけから万有引力の法則を導くのは極めて困難である。逆説的に思われるかもしれないが、「月は地球の周りを回っているのに、なぜ落ちてこないのか」という疑問とリンゴの落下を結びつけて考えられなければ、ニュートンの頭の中に万有引力の法則はひらめかなかったに違いない（池田, 1998, p.150）。

このように、帰納的推論とよく似てはいるが、単なる帰納ではなく、現象説明のための根本的な原理にたどり着くような発想、すなわち「アブダクション」はどこからどのようにして生まれてくるのだろうか。

●直観的帰納とアブダクション

アリストテレスの帰納-演繹プロセスでは、直観的帰納として考えられていたアブダクションは、大きく2つに分けることができる。1つは、西條（2005）や川喜田（1967）が指摘しているようないくつかの現象の類似性に基づく「アナロジーによる発想」である。もう1つは、「ブレークスルーを伴う飛躍的発想」であり、これが最大の難問である。

質的研究の本質は、第1章で述べたように、さまざまな情報をすべて言語し、そのテクストを解釈することであると考えられるが、テクスト解釈の個々のプロセスは、直観的帰納が連続するプロセスであると考えられるだろう。例えば、GTAでのオープン・コード化の初期のプロセスは、切片化されたテクストに対するラベル付けのための、軽い飛躍を伴う言葉探しの連続するプロセスではないだろうか。

通常の会話では、その主題が明示的に語られるわけではないのだから、その意味を解釈し、適当にラベルを付けるのは案外と大変なことである。例えば、タイのHIVの女性感染者へのインタビューで、「学校に行くと、子どもがクラスメートから、感染しているとからかわれるのではと心配している」という一文があった。これを「学校での子どもへのいじめについての母親の心配」のようにラベルを付けてまとめることができるだろう。

このような場合でも、文意を示すために最適な言葉を探すのは、程度は軽いかもしれないが、直観的帰納であると言ってよいのではないだろうか。我々自身は、どうしてそのように文の意味を理解し、その結果から文をまとめることができるのかは、本当のところはよく分からないのではないだろうか。

GTAのテクスト解釈の方法の1つに、テクストのコード化を通じて、類似するコードや概念から、主軸となるような概念を探すプロセスに、アキシャル・コーディングと呼ばれる方法がある。このプロセスは、複数の類似する概念をまとめ上げていく方法なので、どちらかと言えばアナロジーによる発想をもとにして、適切な統合する概念を探すことになると考えてよいだろう。

一方、アインシュタインの光量子説のように、それまで誰もが波動と考えていた学説に真っ向から対立するような発想は、完全にそれまでの考え方と断絶があり、ブレークスルーを伴うような跳躍的な発想の例と言えよう。しかし、このようなアブダクションも論理的な帰結でもあるのだから、アナロジーによる発想でもあるはずである。

このように考えてくると、アブダクションを、優れた研究者の持って生まれた能力やアート（技）として捉えるだけではなく、直観的帰納のための方法論として、教育によって開発がある程度は可能なサイエンス（知）からのアプローチもできるはずであると私には思われる。

●発想と心・脳構造

質的研究で必要とされるテクスト解釈におけるアブダクションは、言葉により表現される直観的把握であると言えるだろう。第3章で述べたように、ラング（言語）が語（シーニュ）を単位とする心・脳構造として、ソシュールが言うような意味の差異のシステムになっているのであれば、直観的帰納のための実際のテクスト情報をもとにして、そのシステムの中に含まれている概念を検索した結果としてある概念が心の中に生起し抽出されるのに違いない。これを我々は、「アブダクションによってコア概念が見つかった」などと考えているのではないだろうか。

アブダクションの大きな問題は、我々には意識的にそれを行うことができないことである。我々は、心・脳構造のどのあたりに、どのような言葉や概念が保存されているか、などということはまるで分かってないのだから。

量的研究が科学的研究として、より評価されている現状を踏まえても、新しい問題の発見やモデル構築などによるブレークスルーのために、質的研究への期待は大きい。このためにには、テクスト解釈における概念の発見に関するアブダクションの方法を、誰もがアートとして学べるような基礎的な検討が重要である。実際のところ、人間の心・脳構造の機序が生理学的に完全に解明されるのを待っていたのでは寿命が尽きてしまう。仕方がないので、私なりにアブダクションの機序についての仮説を考えてみたい。

似たような言葉や意味内容を伴うような複数のテクストから、それらをまとめるような概念を導く方法は、帰納的推論のうちの単純枚挙に近い方法であり、すでに指摘したようにアナロジーによる発想と言えよう。このような場合には、あれこれといくつかの言葉を組み合わせることで、意味内容をある程度は適切に表現することができることが多いようである。また、最初は難しくとも、訓練によりテクストの解釈がある程度スムースに言説化できるようになる。このような事実から、我々のラングの心・脳構造の中に「テクスト解釈システム」のような体系がもともとあるにしろ、それを訓練などにより強化できることを示すものと考えてよいだろう。したがって、アナロジーに基づくようなテクスト解釈のプロセスは、教育が可能であると考えられるし、現にセミナー形式の研究会などで行われていることでもある。

問題は、それほど共通しているとも思えないような概念間の関係を上手く説明できるようなコア概念を思いついたり、また観察した現象の基底となる原理や理論を思いついたりする、本質的に帰納的直観であるアブダクションである。どのようにして我々は、一見関係のないような現象や概念の中に、共通する原理や概念を見いだすことができるのだろうか。ここで、少し実際の質的研究のプロセスを考えてみることは有用である。

まず、情報提供者にインタビューで収集した会話から逐語録を作成し、それをもとにテクストの解釈を行うが、その前に、すべての逐語録を暗記するくらい読み込むべきであるとよく言われている。この理由は、なぜだろうか。大きく2つの理由があると私には考えられる。

第1には、言葉のそれぞれが持つ意味は文脈依存的であり、解釈すべきテクストも当然、その文脈に依存しているので、その全体を把握しておかねばならないからである。

第2の理由は、あまり言われていないかもしれないが、テクストを精読することにより、研究者が情報提供者の経験を共有し、一体になるような**疑似体験**をするためである。我々は個々にこれまでの経験は異なっているのだから、ある現象については経験していないことのほうが多い。したがって、自分で経験していないことは、本当のところは決してわからないはずである。例えば、ＨＩＶに感染したことがなければ、ＨＩＶ感染者の気持ちは本当には分からないだろう。

ある現象を体験することでしか得られない感情や情動は、その本人のみに帰属しているのだから、その概念もなかなか他人には理解できないに違いない。このため、情報提供者が経験した現象を、テクストを通して擬似的に経験することは、テクスト解釈に重要な意味を持つはずである。

●心・脳構造の中に存在しない概念を用いることはできない

質的研究を行うために、ベテランのスーパーバイザーの指導のもとに、何人かでゼミ形式の勉強会や研究会を持つことが多いようである。質的研究の初心者に対しては、知っておくべきテクスト解釈の基礎的方法を学習するという意味を持つのは当然として、先に述べたような、「ラングの心・脳構造におけるテクスト解釈システムの強化」に繋がっているのではないかと考えられる。

実際にさまざまなテクストの解釈を行ったものを素材にして発表し、批判しあうことで、言葉や概念に対する感受性を高め、テクスト解釈をより共通了解できるものにしているのではないかと考えられる。このような共通了解は、独自の思い込みを退け、それまでに心・脳構造中になかった概念を新たに獲得することでなされているに違いないだろう。

重要な点は、我々は心・脳構造の中に存在しない概念を用いることはできないということである。これは当たり前のことだが、結構忘れられているのではないだろうか。同一のテクストを解釈する場合、卒研生では意味不明の解釈しかできないのに、博士課程の大学院生には簡単にできたりする。大学院生にはできなくても、指導教授は適切に解釈してみせることがあるかもしれない。

このような事実は、多くの経験と学習をしてきた研究者のほうが、経験と学習の少ない者に比べて、それだけ心・脳構造におけるラングのシステムに含まれている概念が多様であり、かつある程度は意識的に活用できることを示すものと考えられるだろう。

丸山（1987, pp.178-191）は、日本語のような個別言語であるラングとパロール（発話）を意識の表層として捉え、より一般的なランガージュ（言葉）を無意識をも包含する意識の深層であるとしている。そして、意識化されたラングからランガージュへの移行と、まだ意識されていないランガージュから表層への言語としてのラングへの移行が共起的に行われていることを示唆している。このようにして、我々は言葉に意味を持たせ、多様な現象を分節し、世界を言葉によって認識するようになる。

アブダクションの鍵は、心・脳構造におけるラングのシステム中の個々の概念の意味を構成する方法にあるのではないかというのが、私の考えである。いくら一所懸命考えても、その人の心・脳構造にない概念を適切に言い表すことは、絶対にできないはずである。スーパーバイザーが仮に説明したとしても、言葉を理解するだけではなく、心・脳構造のラングのシステムにまだ存在していない概念が適切に言語として組み込まれるように納得し、了解されなければならないのではないだろうか。

●擬似体験の重要性

我々は経験したことがないことは、本当のところは分からないはずであるから、当たり前のことだが、自分の経験の範囲内でテクスト解釈を行うことしかできない。それでは、経験の少ない若手の研究者はどうすればよいのだろうか。量的研究ならば、統計学分析ソフトをパソコンにインストールさえできれば、卒研生でもなんの知識のない分析方法を使うことができるのに、これでは最初からかなりのハンディがあることになる。

アブダクションのためだけではなく、質的研究のテクスト解釈をうまく行うためには、どのようにすればよいのか考えてみたい。

これまでの個人的な経験や見聞きしたことから、質的研究で最終的なコア概念を見つけたり、モデルを構築したりする場合、なかなか上手くいかないのだが、最終的になんとかなった例に共通する点は、以下のようにまとめられるのではないだろうか。

①テクストを何度も読み返し一所懸命考えるのだが、なかなかコアになる概念が探せない。

②スーパーバイザーや質的研究者に何度も相談するが，いい考えが思いつかない。
③論文提出などの締め切りが間近に迫っているのだが，それでもだめである。
④ほぼ絶望状態で諦めかけてはいるが，眠っていてさえ考えてしまう。
⑤疲れ切ってふっと眠りに落ちて目覚めると，頭の中でそれまでのもやもやが吹き飛び，黎明のようにすべてを説明できるようなコアとなる概念が到来する。

といった感じではないだろうか。

実際には必ずしも上記のようではないかもしれないが，よく似た経験をされた方は結構多いのではなかろうか。これはどのような経験で何が重要なのかを考えてみると，先に述べた「擬似体験」がその鍵なのではないかと私には思われる。すなわち，これまでに経験したことのない現象については，心・脳構造のシステム中にはない概念なので，そもそも思いつくことはできない。そのためには，情報提供者の立場に身を置き，あたかも自分が述べたかのようになるまで熟読し，それを統合できるような状態になるまで，何度でも心・脳構造を働

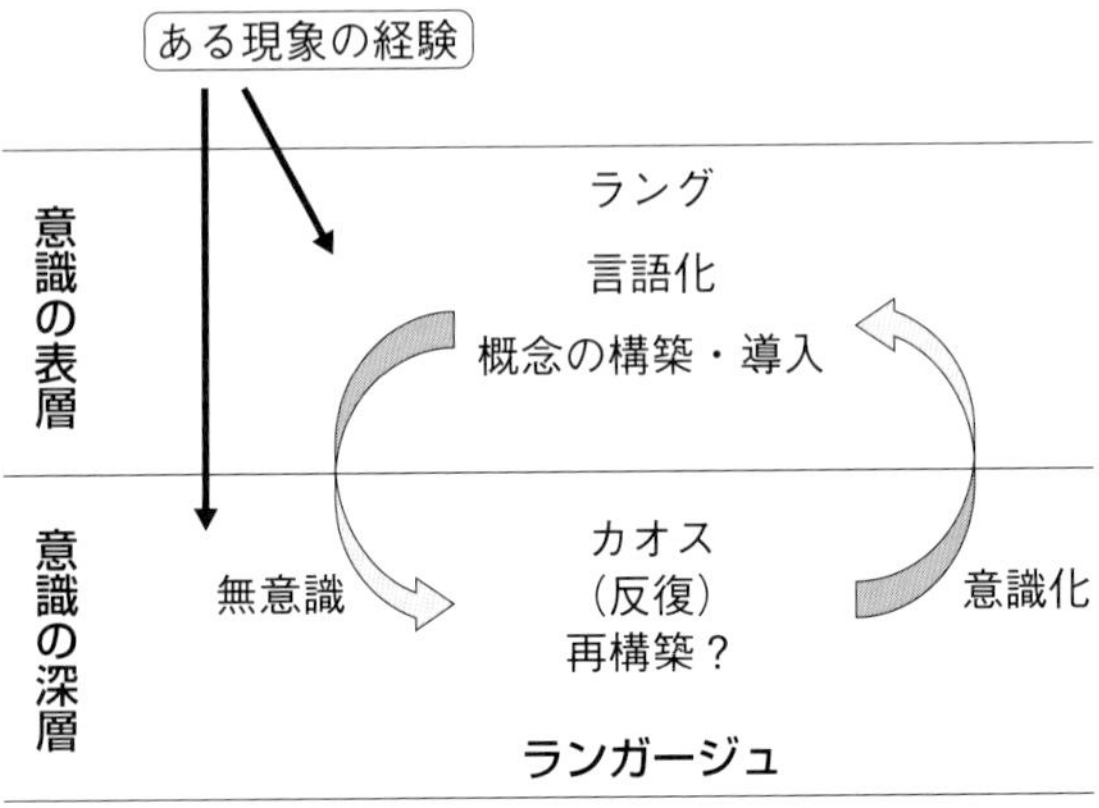

図7 アブダクションのプロセス

かせて、システム中に新たな概念のための構造を構築するものと考えられる（図7）。

すなわち、図7に示したように、ある現象に対する経験は言語化され、それが意識の表層部であるラングのシステムから、まだ意識されていない深層部のランガージュに情報を送り、そこで再構築され、再び意識の表層部に意味ある概念として、ラングのシステムの中に構造化される必要があるものと考えられる。

我々が外国語を覚える場合には、ひたすら繰り返して多数の単語を覚える必要がある。そのようにして、我々は心・脳構造の中に他言語のシステムを構築する。これと同じように、情報提供者の経験を擬似的に追体験することで、その人が経験したであろう現象にかかわるさまざまな概念を、我々はあたかも自分が経験した現象と同じように、心・脳構造の中にある概念として構築し、取り入れることができるのではないだろうか。このためには、何度も何度も繰り返してテクストを読み返し、スーパーバイザーなどのより経験豊富な指導者の意見を聞き、さらに自分の頭をフル回転して考え続ける必要があるだろう。そして、ある瞬間にその概念構造ができあがったとき、我々は閃きを感じ、直観的推論が行われるのではないだろうか。

●ル・サンボリックとル・セミオティック

フランスの思想家で精神分析家でもあるクリステヴァ（Julia Kristeva）は、フッサール現象学の〈語る主体〉について、ソシュールによるラングの構造を静的なものから動的なものへと捉え直し、さらにフロイトおよびラカンの精神分析理論を吸収し、新たな解釈を試みている（西川, 1999, pp.98–214）。すなわち、「主体とはつねにセミオティックにしてかつサンボリックである」とし、「意味生成過程」は無限の循環過程であると考えられている。ここで、意味生成過程の中で、身体的現実という外部に面している領域を〈ル・セミオティック le sémiotique〉と呼び、超越論的領野さらには歴史や社会、イデオロギーという外部に結びつく領域を〈ル・サンボリック le symbolique〉と呼んでいる。すなわち、〈ル・サンボリック〉は、構造言語学が対象領域とするラングの領域であり、恣意性と差異による記号および記号体系の次元である。一方、〈ル・セミオティック〉は、ル・サンボリックの母床とも基盤とも言うべき場であり、ル・サンボリックの成立を準備すると同時に、その成立によって抑圧・排除される身体的欲動の場でもある。ただし、注意すべきは、ル・サンボリックとル・セミオティックは対立するものではなく、循環的であるとともに相互に侵食するものでもある。

ラングの一部として言語化、構造化される以前の深層意識にほぼ対応するものとして、ル・セミオティックを捉えれば、クリステヴァの意味生成過程は、アブダクションの生成過程を考える上で、極めて示唆に富んだものと言ってよいだろう。

クリスティバの意味生成過程は世界的に有名な仮説であるが、今のところ私が提唱するアブダクション生成のプロセスは、無名ではあるが同様に仮説である。構造主義科学論の立場からは、対象とする現象の説明が上手くいくのならば、それは有用な科学的理論であることになる。今後、さらに現象説明が上手くいき、かつ教育指導上も有用なよりよい理論の出現を期待したい。

おわりに

「質的研究を科学する」と題して、ここまで言いたいことを書いてきた。私の思惑は、質的研究を専門として行っている方々が、自信を持って「質的研究は科学である」と主張できるようにしたかったのである。

これまで、質的研究の定義や科学の定義などは、案外としっかりとは書かれていないようだったので、自分の立場から説明を試みたものである。分かっているようで分からないことや、曖昧なことなどが結構あるので、自分が疑問に思ったことは、見過ごさずにしっかりと考えてみることは、研究者として大事な点だと思うからである。実際のところ、テクスト解釈がなぜ可能なのかとか、主観的な解釈ではいけないのかよいのかといった点は、なかなか答えにくいのではないかと思う。

とくに量的研究者の批判に対して、量的研究の枠内で質的研究者が議論をしていても駄目であり、哲学的基盤をどこに求めるかが極めて重要だと思う。私の考えは、当初は構造構成主義にその基盤を求めたのだが、さらにそのもとになったフッサールおよび竹田現象学、構造主義科学論、ソシュールの一般言語学などに多く基づいている。筆者の理解不足のため、勝手な解釈や誤解している部分もあるに違いない。そのような点については、ご指摘いただけると今後のためにありがたい。

ここまで自分が疑問に感じている点について、いろいろと言いたいことを書いてきたが、私の独断と偏見による記述も多くあるかもしれない。強調したいことは、欧米や日本の某権威者が言っているからよいのだではなく、共通了解ができるような質的研究の方法論が確立されるように、多くの議論が巻き起こればよいのにというのが、私の願いである。

髙木廣文　Takagi Hirofumi

1974年東京大学医学部保健学科，79年同大学院博士課程修了，同年米国国立環境保健学研究所 NIH Visiting Fellow．聖路加看護大学助教授，文部省（当時）統計数理研究所助教授，新潟大学教授，東邦大学教授（2009年4月～14年3月医学部看護学科長，11年4月～15年3月看護学部長），共立女子大学教授，天使大学特任教授（18年4月～20年3月副学長）をへて，22年4月より神戸市看護大学特任教授．統計学パッケージ HALBAU の開発，多変量解析などを用いた多くの疫学研究に参与．著書に『ナースのための統計学―データのとり方・生かし方』（医学書院，初版1984年，第2版2009年），『エビデンスのための看護研究の読み方・進め方』（共著・中山書店，2006年）など．

質的研究を科学する

発　行　2011年1月1日　第1版第1刷©
　　　　2024年2月1日　第1版第3刷

著　者　髙《たか》木《ぎ》廣文《ひろふみ》

発行者　株式会社　医学書院
　　　　代表取締役　金原　俊
　　　　〒113-8719　東京都文京区本郷1-28-23
　　　　電話 03-3817-5600（会社案内）

印刷・製本　横山印刷

ISBN978-4-260-01208-9

索引

さ行

た行

な行

は行

ま行

や行

ら行

文献一覧

（日本人の著者は五十音順、海外の著者はアルファベット順）

・池田清彦（1988）．構造主義生物学とは何か．海鳴社．
・池田清彦（1998）．構造主義科学論の冒険．講談社学術文庫．
・池田清彦（2007）．科学とオカルト．講談社学術文庫．
・岩田健太郎（2008）．思考としての感染症 思想としての感染症．中外医学社．
・川喜田二郎（1967）．発想法―創造性開発のために．中公新書．
・木下康仁（2008）．ライブ講義 M-GTA 実証的質的研究法―修正版グラウンデッド・セオリー・アプローチのすべて．弘文堂．
・戈木クレイグヒル滋子（2006）．ワードマップ グラウンデッド・セオリー・アプローチ―理論を生みだすまで．新曜社．
・戈木クレイグヒル滋子（2008）．質的研究方法ゼミナール―グラウンデッド・セオリー・アプローチを学ぶ，増補版．医学書院．
・西條剛央（2005）．構造構成主義とは何か―次世代人間科学の原理．北大路書房．
・西條剛央（2009）．《JJN スペシャル》研究以前のモンダイ―看護研究で迷わないための超入門講座．医学書院．
・西條剛央（2007）．ライブ講義・質的研究とは何か SCQRM ベーシック編―研究の着想からデータ収集，分析，モデル構築まで．新陽社．
・佐藤勝彦（1991）．宇宙はわれわれの宇宙だけではなかった．同文書院．
・髙木廣文（2007）．質的研究は科学としてエビデンスをもたらすか．看護学雑誌，71（8），712-715．
・髙木廣文・萱間真美（2008）．現象を読み解くための Mixed Method ―質的研究法と探索的データ解析法の共働．看護研究，41（2），139-152．
・髙木廣文（2009a）．質的研究を科学する①：質的研究とはどんな

研究なのか―量的研究と質的研究．看護研究，42 (1)，69–74.
・髙木廣文(2009b)．質的研究を科学する②：構造主義科学論の考え方．看護研究，42 (2)，145–152.
・髙木廣文・萱間真美 (2009c)．1事例の質的研究でも科学的か？―質的研究による少数例の科学的エビデンス〔第28回日本看護科学学会学術集会 / (株) 医学書院共催ランチョンセミナーより〕．看護研究，42 (2)，131–143.
・髙木廣文 (2009d)．質的研究を科学する③：テクストの主観的解釈は科学的か．看護研究，42 (3)，221–228.
・髙木廣文 (2009e)．質的研究を科学する④：理論的アイデアをモデルに組み込めるのか？　看護研究，42 (4)，299–303.
・髙木廣文 (2009f)．質的研究を科学する⑤：質的研究の結果の一般化の問題．看護研究，42 (6)，471–474.
・髙木廣文 (2009g)．質的研究を科学する⑥：最後の難問―アブダクション．看護研究，42 (7)，555–561.
・竹田青嗣 (2001)．言語的思考へ―脱構築と現象学．径書房．
・竹田青嗣 (2007)．哲学の再生．現代のエスプリ，No.475, 至文堂，95–105.
・竹田青嗣 (2008)．看護にいかす現象学の知 . 看護研究，41 (6)，475–490.
・立川健二・山田広昭 (1990)．現代言語論―ソシュール　フロイト　ウィトゲンシュタイン．新曜社，pp.132–148.
・田中克彦 (2000)．チョムスキー．岩波書店．
・中田力 (2009)．脳研究に正しい道を―日本を世界の Role Model とするために．学術の動向，14 (11)，46–50.
・中山康雄 (2008)．科学哲学入門―知の形而上学．勁草書房．
・西川直子 (1999)．現代思想の冒険者たち 第30巻 クリステヴァ―ポリロゴス．講談社．
・町田健 (2006)．チョムスキー入門―生成文法の謎を解く．光文社新書．
・丸山圭三郎 (1981)．ソシュールの思想．岩波書店．

・丸山圭三郎（1983）．ソシュールを読む．岩波書店．
・丸山圭三郎（1987）．言葉と無意識．講談社現代新書．
・養老孟司（2003）．バカの壁．新潮新書．
・Chomsky N（1987）．Language in a Psychological Setting. Sophia University.／加藤泰彦・加藤ナツ子訳（2004）．言語と認知―心的存在としての言語．秀英書房．
・Chomsky N（1982, 2002）．The Generative Enterprise. Mouton de Gruyter.／福井直樹・辻子美保子訳（2003）．生成文法の企て．岩波書店．
・Chomsky N, Belletti A, & Rizzi L（2002）．On Nature and Language. Press Syndicate of the University of Cambridge.／大石正幸・豊島孝之訳（2008）．自然と言語．研究社．
・Cohen MZ, Kahn DL, Steeves RH（2000）．Hermeneutic Phenomenological Research. Sage Publications.／大久保功子訳（2005）．解釈学的現象学による看護研究．日本看護協会出版会．
・Flick U（1995）．Qualitative Forschung. Rowohlt Taschenbuch Verlag GmbH.／小田博志・山本則子・春日常ほか訳（2002）．質的研究入門―＜人間科学＞のための方法論．春秋社．
・Husserl, E（1954）． Die Krisis der europaischen Wissenschaften und die transzendentale Phanomenologie: Eine Einleitung in die phanomenologische Philosophie.／細谷恒夫・木田元訳（1995）．ヨーロッパ諸学の危機と超越論現象学．中公文庫．
・Kuhn TS（1962,1970）．The Structure of Scientific Revolutions. University of Chicago／中山茂訳（1971）．トーマス・クーン　科学革命の構造．みすず書房．
・Leininger, MM（1985）．Qualitative Research Methods in Nursing. Grune & Stratton.／近藤潤子・伊藤和弘監訳（1997）．看護における質的研究．医学書院．
・Losee，JP（1972）．A Historical Introduction to the Philosophy of Science. Oxford University Press.／常石敬一訳（2001）．科学哲学の歴史―科学的認識とは何か＜復刊版＞．紀伊國屋書店．

・Saussure F. Troisieme Cours de Linguistique Generale (1910-1911), (d'apres les chaieres d'Emile Constantin). ／相原奈津江・秋津伶訳 (2003). フェルデナン・ド・ソシュール　一般言語学第三回講義—エミール・コンスタンタンによる講義記録. エディット・バルク.

・Strauss, A & Corbin, J(1998). Basics of Qualitative Research: Techniques and Procedures for Developing Grounded Theory, 2nd ed., Sage Publications.／操華子・森岡崇 (2004). 質的研究の基礎—グラウンデッド・セオリー開発の技法と手順, 第2版. 医学書院.

・Willig, C(2001). Introducing Qualitative Research in Psychology：Adventures in Theory and Method, Open University Press. ／上淵寿・大家まゆみ・小松孝至訳 (2003). 心理学のための質的研究法入門—創造的な探求に向けて. 培風館.

・Yin, RK(1994). Case Study Research, 2nd ed., Sage Publications.／近藤公彦訳(1996). ケーススタディの方法, 第2版. 千倉書房.

文献一覧は129ページから，索引は133ページからご覧下さい.